Joachim Hartmann / Annette Clara Unkelhäußer

Freude an Gott – Das innere Feuer neu entfachen

Ignatianische Impulse
Herausgegeben von Stefan Kiechle SJ, Willi Lambert SJ und Martin Müller SJ
Band 78

Ignatianische Impulse gründen in der Spiritualität des Ignatius von Loyola. Diese wird heute von vielen Menschen neu entdeckt.

Ignatianische Impulse greifen aktuelle und existentielle Fragen wie auch umstrittene Themen auf. Weltoffen und konkret, lebensnah und nach vorne gerichtet, gut lesbar und persönlich anregend sprechen sie suchende Menschen an und helfen ihnen, das alltägliche Leben spirituell zu deuten und zu gestalten.

Ignatianische Impulse werden begleitet durch den Jesuitenorden, der von Ignatius gegründet wurde. Ihre Themen orientieren sich an dem, was Jesuiten heute als ihre Leitlinien gewählt haben: Christlicher Glaube – soziale Gerechtigkeit – interreligiöser Dialog – moderne Kultur.

Joachim Hartmann /
Annette Clara Unkelhäußer

Freude an Gott – Das innere Feuer neu entfachen

echter

Inhalt

Vorwort

»Reden ist Silber, Schweigen ist Gold« – sagt das Sprichwort. Das klingt plausibel und ist uns sehr geläufig. Aber das ist nur eine Seite der Medaille. In diesem Buch wollen wir den Blick auf die andere Seite richten: auf das Gold des Redens. Die Austreibung des stumm machenden Dämons zeigt, dass das Sprechen, Sich-anderen-Mitteilen eine kostbare Gabe ist (Mt 9,32f.). Der Philosoph Platon wählt die Form des Dialogs, um wesentliche Fragen des Menschen und des Lebens zu erhellen. Für Ignatius ist das »Mitteilen von beiden Seiten« (Exerzitienbuch 236, im Folgenden immer zitiert: EB) das Elixier einer lebendigen Beziehung. Jesus selbst wird das Wort genannt, das Fleisch geworden ist. Als Meister des Wortes ermöglicht er Menschen eine heilsame Begegnung: »Was bedrückt dich, was willst du, was suchst du, warum weinst du?« Bei diesen Fragen haben die Menschen gespürt, hier ist jemand an mir interessiert, hat Zeit für mich und will mir zuhören.

Der Emmausgang ist ein anschauliches Beispiel für das Gold des Redens (Lk 24,13–35). Die Jünger sind verzweifelt und resigniert, weil ihr Meister gekreuzigt worden ist. Jesus gesellt sich dazu und fragt: »Was sind das für Dinge, über die ihr auf eurem Weg miteinander redet?« (Lk 24,17; Bibelzitate immer gemäß der revidierten Einheitsübersetzung). Im Mitteilen ihrer Gedanken und Gefühle gewinnen sie Schritt für Schritt eine tiefere Einsicht in das Geschehen der vergangenen Tage. Es gehen ihnen in verschiedener Hinsicht die Augen auf. Das Feuer ihres Glaubens wird neu entfacht. Diese Geschichte bildet den Leitfaden für die Gespräche dieses Buches.

Auch im Exerzitienhaus Gries machen wir im Rahmen unserer Kurse vielfältig die Erfahrung, dass das Mitteilen kostbar ist für den Prozess der Exerzitien. Das Schweigen und die Einzelgespräche stehen dabei in einem fruchtbaren Wechselverhältnis. Denn in der Stille lernen wir, lauschend da zu sein und wahrzunehmen, was ist. Dieses Wahrnehmen in Stille bildet die Grundlage für das Mitteilen. So kommen bei den Exerzitanten im Begleitgespräch die wesentlichen Dinge zur Sprache.

Das Exerzitienhaus Gries wurde von Pater Franz Jalics SJ im Jahr 1984 gegründet. Er entwickelte den »Grieser Weg« der Kontemplation. In seinem Buch und Bestseller »Kontemplative Exerzitien – Eine Einführung in die kontemplative Lebenshaltung und in das Jesusgebet« beschreibt er diesen Weg, den wir bis heute in unseren 10-tägigen Kursen vermitteln.

Die Basis der Kurse sind durchgängiges Schweigen und gemeinsame Gebetszeiten in Stille in der Gruppe. Ein tägliches Begleitgespräch bietet Raum, Erfahrungen des inneren Weges mitzuteilen und geistlich begleitet zu werden. Den Abschluss des Tages bildet eine Eucharistiefeier mit Ansprachen zu zentralen Themen des geistlichen Weges, die ausgehend von der Heiligen Schrift entfaltet werden.

Die Übungsschritte auf dem »Grieser Weg« führen hin zum Jesus-Gebet und enthalten folgende Elemente: Wir beginnen mit Wahrnehmungsübungen in der Natur und mit Körperwahrnehmungsübungen, indem wir den Atem auf seinem Weg durch den Körper begleiten. Es folgen die Wahrnehmung der Hände und das Spüren der Handmitten als ein Tor, das uns in die

Gegenwart führen kann. Dann üben wir das kontemplative Gebet mit einem Wort ein, auf dessen inneren Klang wir lauschen oder das uns einlädt, in eine Beziehung einzutreten. Diese Gebetsweise ist vergleichbar einer Gebetsweise, die sich auch im Exerzitienbuch des Ignatius findet (EB 258). Es sind aufeinander aufbauend die Worte: Ja, Maria und Jesus Christus. Das »Jesus-Gebet« bildet das Herzstück des »Grieser Weges«. Das »Jesus-Gebet« findet sich auch in anderen geistlichen Traditionen, hat aber in seiner Gesamtkomposition auf dem »Grieser Weg« sein eigenes Profil.

Wir sprechen in diesem Buch von »Kontemplation«, »kontemplativem Gebet« und »kontemplativen Exerzitien« und nicht von »Meditation«, weil das Wort »contemplari« – »sehen, schauen« – treffend das Ziel unseres geistlichen Weges zum Ausdruck bringt: »Wir werden ihn sehen, wie er ist« (1 Joh 3,2). Ebenso benennt es den Weg zu diesem Ziel: das Wahrnehmen. Die Worte Kontemplation und Meditation können je nach Schule eine unterschiedliche Bedeutung annehmen. Meditation ist heute die Überschrift für viele verschiedene Wege der Selbsterfahrung. Alle Wege der Meditation haben zum Ziel, den Menschen näher zu sich zu führen. Meditation verstehen wir als bewusst gestalteten Umgang mit Gedanken, Gefühlen, Bildern und Texten. Das Nachdenken und Betrachten steht dabei im Vordergrund.

»Kontemplation« verstehen wir in dem Sinn, dass es ein waches Da-Sein ist, welches nicht andere Texte usw. als »Stoff« nimmt, sondern durch Einfachheit und Stille gekennzeichnet ist. Im Vordergrund stehen hier: präsent sein, wahrnehmen, aufmerksam da sein, geschehen lassen und empfangen. Kontemplation wird auf dem »Grieser Weg« als christliche bezeichnet, weil die Aufmerksamkeit auf den Namen und damit auf die Gegenwart Jesu Christi gerichtet wird. Außerdem wird der Weg von der christlichen Tradition her, der Heiligen Schrift, der Wüstenväter, der Mystiker gedeutet. Bei der Kontemplation geht es nicht um das Nachdenken über etwas, sondern um das unmittelbare Wahrnehmen und Geschehenlassen dessen, was sich in der Stille, ausgerichtet auf die Gegenwart Gottes, zeigt.

Die Idee für dieses Buch ist entstanden aus dem Wunsch, die kostbaren Erfahrungen aus vielen Begleitgesprächen zu sichten und die wesentlichen Themen so aufzubereiten, dass sie auch anderen Menschen zugänglich gemacht werden können. Die einzelnen Kapitel des Buches haben eine klare und gleichbleibende Gliederung. Nach einer kurzen Einleitung in das Thema folgt das Gespräch. Für die Gespräche bilden die Heilige Schrift, der heilige Ignatius, Erfahrungen aus der geistlichen Begleitung und persönliche Erfahrungen feste Bezugspunkte. Am Ende greifen wir mit den Fragen »Wo brannte mir das Herz?«, »Wo gingen mir die Augen auf?« die Punkte heraus, die im Gespräch besondere Resonanz in uns hervorgerufen haben. Den Schlusspunkt bilden kurze Übungen, passend zum jeweiligen Thema.

Wir haben die Form des geistlichen Gesprächs für dieses Buch als sehr inspirierend und erhellend erlebt. Wie die Emmausjünger machten wir die Erfahrung, dass uns immer wieder die Augen aufgingen oder dass uns das Herz brannte. Das Silber des Redens wurde durch den Austausch mit Blick auf Jesus Christus in Gold umgemünzt.

Wahrnehmen und Vertrauen

Einleitung

Wenn man einen Spaziergang macht, sieht man öfters Hinweisschilder: »Parcours der Sinne«. Wir werden dort eingeladen, mit unseren Sinnen bewusst wahrzunehmen. Andere lassen sich auf das Abenteuer ein, mit verbundenen Augen ein Essen zu genießen, sich bedienen und führen zu lassen, und machen dabei erstaunliche Entdeckungen, indem sie sich nur auf das Verkosten einlassen. Die Wiederentdeckung unserer Sinne hat Konjunktur. Die Sinne sind Tore, die uns den Zugang zur Welt der Wahrnehmung öffnen.
Auch für Jesus ist es ein zentrales Anliegen, unsere Wahrnehmungsfähigkeit zu wecken und zu fördern. Sie ist in uns angelegt, wird aber oft nicht genutzt. So kommt es, dass wir Gott als den »Ich bin, der ich bin« (Ex 3,14) oder als den »Ich bin der ›Ich bin da‹« nicht wahrnehmen. In den Evangelien heilt Jesus daher Blinde und Taube, was wir als einen Hinweis sehen dürfen, dass unsere menschliche Wahrnehmungsfähigkeit häufig defekt ist und der Wiederherstellung bedarf.
Der kontemplative Weg ist eine Schule der Wahrnehmung. Wir lernen wieder wahrzunehmen und zu vertrauen, dass die Wahrnehmung uns in die Gegenwart Gottes führt.

Gespräch

Joachim: Der »Grieser Weg« ist eine Schule der Kontemplation. Was ist für dich das Charakteristische auf dem »Grieser Weg« des kontemplativen Gebets?
Annette Clara: Die klare Methodik. Franz Jalics hat durch langjährige Erfahrungen einen Weg entwickelt, der die Menschen schrittweise zum Namen Jesus Christus führt. Diese Schritte sind im Buch »Kontemplative Exerzitien« von Franz Jalics dargelegt.
J: Die Schritte haben eine genau definierte Reihenfolge. Wir beginnen mit der Natur, dann folgt eine Atemwahrnehmungsübung, danach richten wir unsere Aufmerksamkeit auf die Handmitten, dann auf innere Worte und zum Schluss führen wir zum Gebet mit dem Namen Jesus Christus. Der Name Jesus Christus ist zentral für den »Grieser Weg«, und doch beginnen wir nicht mit dem Namen.
AC: Stimmt. Wir müssen erst lernen, mit unserer Aufmerksamkeit bei etwas zu bleiben, denn die Wahrnehmung setzt die Aufmerksamkeit voraus. Die Hinführungsschritte wollen uns disponieren für die Wahrnehmung der Gegenwart Gottes. Daher üben wir, aufmerksam in der Gegenwart zu sein und zu bleiben. Thomas von Aquin hat einmal formuliert, dass es kein Gebet ohne Aufmerksamkeit gibt. Die französische Gottsucherin Simone Weil schreibt: »Die von jeder Beimischung ganz und gar gereinigte Aufmerksamkeit ist Gebet.«
J: Aufmerksamkeits- oder Achtsamkeitsübungen gibt es auch bei »Mindfulness-Based Stress Reduction« (MBSR), das heißt »Achtsamkeitsbasierte Stressreduktion«. Es ist ein von Jon Kabat-Zinn in den späten siebziger Jahren in den USA entwickeltes Programm

zur Stressbewältigung durch gezielte Lenkung von Aufmerksamkeit. Sein Ansatz ist weiterhin aktuell. Jon Kabat-Zinn war 2015 für Achtsamkeitsmeditationen mit Personen der Wirtschaftselite beim Weltwirtschaftsforum in Davos eingeladen. Wie unterscheidet sich der »Grieser Weg« davon?

AC: Ich entdecke eine Reihe von Ähnlichkeiten und schätze diesen Ansatz von Jon Kabat-Zinn. Der »Grieser Weg« steht jedoch nicht in einem medizinischen Kontext, sondern in einem religiösen und hat daher andere Akzente. Wir üben absichtslos oder zweckfrei vor und für Gott da zu sein. Kontemplation bedeutet schauen oder wahrnehmen. Warum müssen wir das Wahrnehmen überhaupt üben? Gesunde Menschen haben doch Augen und Ohren, können sehen und hören.

J: Wir haben etwas verlernt, was uns als Kind möglich war: mit der Aufmerksamkeit bei etwas zu verweilen und die Welt staunend zu erkunden. Wir leben in einer Welt mit vielfältigen medialen Angeboten, die zum Ziel haben, uns zu zerstreuen. Aufmerksamkeitsübungen wollen uns sammeln. Dadurch gewinnt unsere Aufmerksamkeit an Kraft wie Sonnenstrahlen, die in einem Brennglas gebündelt werden. Das führt uns zu einer klaren Wahrnehmung.

AC: Mir kommt noch ein anderer Punkt. Wir üben beim kontemplativen Gebet, den Verstand ruhen zu lassen und nicht ins Handeln zu gehen. Dabei können wir doch auch beim Nachdenken über bestimmte Dinge sehr gesammelt sein oder auch bei Tätigkeiten konzentriert am Werk sein. Warum ist es für den »Grieser Weg« der Kontemplation wichtig, nicht ins Denken oder Tun zu gehen?

J: Das ist eine gute Frage. Normalerweise vollzieht sich unser Leben in einem Dreischritt: Wahrnehmen, Denken, Handeln. In unserer leistungsorientierten Welt sind das Denken und Handeln überdimensioniert. Die Wahrnehmung selbst ist oft deutlich unterbelichtet. Kaum nehmen wir etwas wahr, analysieren und bewerten wir es sofort und gehen ins Handeln. Daher üben wir beim kontemplativen Gebet allein das Wahrnehmen. Wenn unser Denken und Handeln aus der Wahrnehmung kommen, dann können wir auch in diesen Bereichen gesammelt sein.
AC: War Jesus kontemplativ?
J: Ja, total. Sein Denken und Handeln kamen ganz aus der Wahrnehmung und aus dem Vertrauen. Wahrnehmen können wir nur in der Gegenwart, auch wenn es Wahrnehmung von Vergangenem ist, findet die Wahrnehmung selbst in der Gegenwart statt. Das heißt, Jesus war stets gegenwärtig. Wenn er sagt: »Sorgt euch also nicht um morgen; denn der morgige Tag wird für sich selbst sorgen« (Mt 6,34), lädt er uns ein, ganz in der Gegenwart zu leben. Wahrnehmen hat also auch viel mit Vertrauen zu tun. Wenn wir ganz in der Gegenwart sind, können wir spüren, dass Gott für uns sorgt. Das kann einen neuen und gelasseneren Blick eröffnen auf die Wahrnehmung meiner Vergangenheit oder auf das Gestalten von Zukunft hin.
AC: Ja! Diese beiden Grundhaltungen von Wahrnehmen und Vertrauen üben wir beim kontemplativen Gebet. Wir nehmen wahr, was ist, lassen es da sein und auf uns wirken, wir verändern nichts und überlassen uns dabei ganz der Führung Gottes. Franz Jalics formuliert es so: »Wir wechseln vom Fahrersitz unseres Lebens auf den Beifahrersitz und lassen Gott ans Steuer unseres Lebens.« Und das hat viel mit Vertrauen zu tun. Ich kenne

das aus eigener Erfahrung, wenn ich ganz konkret im Auto Beifahrerin bin. Da fällt es mir schwer, nicht einzugreifen und zu vertrauen, dass alles gut läuft.

J: Läuft man da nicht Gefahr, dass man passiv wird im Leben, dass man die Verantwortung für sein Leben aus der Hand gibt?

AC: Da muss man differenzieren. Wenn wir das Wahrnehmen in der Stille üben, dann richten wir uns aus auf die Gegenwart Gottes und schauen gleichzeitig auf das, was aus unserem Innern kommt. So gesehen ist das Wahrnehmen ein Weg, der offenlegt, was uns bewegt und was gesehen werden will. Und genau das befähigt uns zu entscheiden, wie wir uns in Situationen unseres Lebens verhalten wollen.

J: Warum nehmen wir diesen Weg über die Wahrnehmung und das Vertrauen in Gottes Führung und packen es nicht gleich selber an?

AC: Ich versuche es noch klarer zu fassen: Nur die Wahrnehmung und die Ausrichtung auf Gott ermöglichen es uns, zu erkennen, was wir wirklich wollen. Sie sind die Basis für klare, selbstbestimmte und kraftvolle Entscheidungen.

J: In der geistlichen Begleitung gibt es manchmal Prozesse, wo zu prüfen ist, ob die Richtung stimmt. Hier stellt sich die Frage: Woher weiß ich, dass ich meiner Wahrnehmung vertrauen kann?

AC: Gerade im Feld der Wahrnehmung ist das gemeinsame Schauen und Prüfen wichtig. Daher sind die Begleitgespräche wesentlicher Bestandteil der kontemplativen Exerzitien im Haus Gries.

J: Vertrauen heißt dann also auch, sich dem Begleiter mitzuteilen und damit sich ihm auch anzuvertrauen.

AC: Genau! Eine Besonderheit in Haus Gries mit Blick auf die Begleitgespräche ist, dass diese keine genau festgelegte Zeitdauer haben. Dadurch wird es möglich, je neu wahrzunehmen, wie viel Zeit jemand braucht. Jesus hatte viel Gespür für das richtige Zeitmaß und für den passenden Zeitpunkt, den Kairos. Werfen wir einen Blick auf die Heilige Schrift. Wo kommen kontemplative Haltungen für dich besonders zum Ausdruck?

J: Eine wunderschöne Formulierung findet sich in der Geschichte von Hagar im Buch Genesis 16,13: »Gewiss habe ich dem nachgeschaut, der auf mich schaut!« Eine andere markante Schriftstelle findet sich im ersten Johannesbrief, wo eine Zielbestimmung für den Weg als Christ gegeben wird: »Wir werden ihn sehen, wie er ist« (1 Joh 3,2).

AC: Und da ist noch der wunderbare Text aus dem 6. Kapitel des Matthäus-Evangeliums: »Seht euch die Vögel des Himmels an: Sie säen nicht, sie ernten nicht und sammeln keine Vorräte in Scheunen; euer himmlischer Vater ernährt sie« (Mt 6,26). Und später im Text: »Sucht aber zuerst sein Reich und seine Gerechtigkeit; dann wird euch alles andere dazugegeben« (Mt 6,33).

J: Dein Beispiel aus Mt 6 illustriert, dass Wahrnehmen und Vertrauen die Haltungen sind, auf die es im Leben ankommt und zu denen Jesus uns ermutigt: Schaut, wie es geht, und erkennt die Gesetze des Lebens. Im Grunde drückt die ganze Bibel eine kontemplative Sicht auf das Leben aus. Daher ist es sinnvoll, die Bibel auch kontemplativ zu lesen. Das Zweite Vatikanische Konzil legt dem Leser ans Herz, die Heilige Schrift in dem Geist zu lesen, in dem sie geschrieben wurde. Und geschrieben wurde sie aus dem Schauen auf Jesus Christus.

AC: Auch Ignatius lädt uns ein, wahrzunehmen und zu vertrauen. »Sentir« – spüren – ist ein Schlüsselwort für Ignatius. In seinem Exerzitienbuch lädt er in der sogenannten »Anwendung der Sinne« die Exerzitanten ein, mit den fünf Sinnen einen Schrifttext wahrzunehmen (EB 120–125). Berühmt ist auch seine Anmerkung: »Nicht das Vielwissen sättigt und befriedigt die Seele, sondern das Verspüren und Verkosten der Dinge von innen her« (EB 2). Sein Plädoyer für Vertrauen lautet: »Wenige Menschen ahnen, was Gott aus ihrem Leben machen würde, wenn sie sich ganz seiner Führung überließen.«
J: Die Kraft der Wahrnehmung habe ich selbst erlebt. Als ich meine ersten kontemplativen Exerzitien machte, gingen diese sehr tief. Gerade das konsequente Verzichten auf das Nachdenken und auf die Suche nach Wissen hat die Tiefenbohrung in meiner Seele ermöglicht und mich von innen genährt.
AC: Meine früheren Kollegen haben die Wirksamkeit des kontemplativen Gebets auch erfahren. Wenn ich zu kontemplativen Exerzitien ging, sagten sie anfangs: »Warum machen Sie nicht etwas Gescheites? Es gibt so viele sinnvolle Projekte, wo Sie sich als Christ engagieren können.« Im Laufe der Jahre änderten sie ihre Meinung. Wenn ich bei der Arbeit angespannt war, nicht mehr so gut zuhören konnte, kam schon einmal die Empfehlung: »Gehen Sie mal wieder in kontemplative Exerzitien!«
J: Dein Beispiel zeigt: Wahrnehmen und Vertrauen führen mitten ins Leben. Der kontemplative Weg hilft uns in der Gegenwart zu sein und besser zu erkennen, was jetzt zu tun ist. Er ist aber auch ein Weg mitten in die Welt. Personen wie Madeleine Delbrêl oder Dag Hammarskjöld haben aus der Kraft der Kontemplation

gelebt und sich sozial und politisch engagiert. Madeleine Delbrêl hat sich im 20. Jahrhundert für soziale Gerechtigkeit in Frankreich eingesetzt. Dag Hammarskjöld war UN-Politiker und Generalsekretär der Vereinten Nationen und erhielt den Friedensnobelpreis.

AC: Menschen in verantwortlichen Positionen der Wirtschaft, der Politik und aus dem sozialen Bereich für den Weg der Wahrnehmung und des Vertrauens zu gewinnen, ist für die Erneuerung der Gesellschaft wichtig. 10-tägige Exerzitien in Haus Gries zu machen stellt schon eine gewisse zeitliche Hürde dar. Ich denke an einen Manager, der mir sagte, der Weg ist prima, nur, wo soll ich das in meinem Alltag unterbringen? Was würdest du ihm antworten?

J: Kontemplation ist etwas, das im Alltag schon da ist und entdeckt werden kann. Ich würde ihm empfehlen, zu schauen, was ihm im Alltag Kraft gibt, wo es zweckfreie Räume gibt, wann und wo er entspannen kann. Und ich würde ihn ermutigen, mit Offenheit und Interesse auf Entdeckungsreise zu gehen und in diese zehn Tage der Selbst- und Gotteserfahrung zu investieren.

AC: Und ich würde ihm drei Möglichkeiten nennen, wie er Kontemplation im Alltag üben kann: am Abend einen Tagesrückblick halten und sich fragen: Was ist heute gelungen, wofür kann ich danken, was hat mich besonders berührt, was war schwierig? Dieser Rückblick schult die Aufmerksamkeit, die Wahrnehmung verfeinert sich. Oder er kann auf dem Weg zur Arbeit oder beim Spaziergang üben, bewusst immer nur einen Sinn zu nehmen und ganz Ohr oder z. B. ganz Auge zu sein. Oder mitten in der Arbeit eine »Atempause« einlegen: sich bewusst spüren, wie bin ich jetzt gerade da?

J: Wir sind jetzt ein gutes Stück Weg miteinander gegangen. Es ist die Zeit gekommen, innezuhalten und den Wirkungen des Gesprächs nachzuspüren. Wie die Emmausjünger wollen wir uns fragen:

Wo gingen mir die Augen auf, wo brannte das Herz?

J: Mir gingen die Augen auf bei der Erkenntnis, dass mit der Krise der Wahrnehmung auch eine Krise des Denkens und Handelns einhergeht und wie notwendig für das persönliche und für das Gemeinwohl daher Schulen der Wahrnehmung sind.
AC: Mir brannte das Herz bei der Einsicht, dass die Wahrnehmung der »Sauerteig« ist, der die Welt verändern kann.

Übung: 15 Minuten Stille

Wo gingen mir beim Lesen die Augen auf, wo brannte mir das Herz?

Ich mache einen kurzen Spaziergang im Garten oder in der Natur und übe, mit jedem einzelnen Sinn wahrzunehmen.

Dankbarkeit und Freude

Einleitung

Wer kennt nicht die positive Wirkung des Smileys oder der Leuchtschrift »Danke!«, wenn wir bei einer Ortseinfahrt das Tempolimit einhalten, oder ein freundliches »Danke schön«, wenn jemand einen Guten-Morgen-Gruß sagt. Dankbarkeit und Freude sind ansteckend und sind ein Kompass in Richtung Leben. Und doch sind echte Freude und Dankbarkeit nicht leicht zu finden. Nicht umsonst werden in Unternehmen Lachseminare für MitarbeiterInnen durchgeführt, und Bücher über positives Denken boomen.
Auch die schönen Künste geben der Freude und Dankbarkeit vielfältig Ausdruck. So etwa in dem Gedicht von Friedrich Schiller »Ode an die Freude«:
»Freude heißt die starke Feder in der ewigen Natur. Freude, Freude treibt die Räder in der großen Weltenuhr. Blumen lockt sie aus den Keimen, Sonnen aus dem Firmament, Sphären rollt sie in den Räumen, die des Sehers Rohr nicht kennt!«
Auch in der Heiligen Schrift gibt es viele Wegweiser in Richtung der Dankbarkeit und Freude: »Die Freude am HERRN ist eure Stärke« (Neh 8,10) ist ein starker Ausdruck dafür. Und doch wirft man gerade den Christen vor, dass sie ernst und freudlos seien und daher andere Menschen von ihrem Weg nicht überzeugen, geschweige denn begeistern könnten.

Gespräch

Joachim: Das Thema Dankbarkeit und Freude liegt dir besonders am Herzen. Warum findest du das Thema wichtig?
Annette Clara: Das Wort Evangelium heißt übersetzt: Frohe Botschaft. Aber ist die Freude oder das froh Machende der christlichen Botschaft überhaupt erfahrbar? Bei Predigten werden die Texte der Heiligen Schrift oft nicht aus dieser Perspektive beleuchtet. Von daher ist es mir ein Anliegen, auch den kostbaren Schatz der Freude in den Schrifttexten wieder in die Wahrnehmung der Menschen zu bringen. Ein weiterer Punkt ist die Wechselwirkung von Freude und Dankbarkeit. Die Freude ist ein Schlüssel zur Dankbarkeit, die Dankbarkeit mehrt die Freude.
J: Es ist bemerkenswert, dass Jesus beim letzten Abendmahl den Dank in den Mittelpunkt stellt. Er dankt für sein Leben und seine Sendung, und das in Anbetracht einer bedrückenden Situation: »Er nahm das Brot und sprach den Lobpreis« (Mt 26,26). Als wolle er damit ein Ausrufezeichen in Richtung Dankbarkeit setzen und uns diese Haltung ins Stammbuch schreiben. Offenbar wurzelt seine Dankbarkeit nicht in der konkreten Situation des bevorstehenden Leidens, sondern auf einer viel tieferen Ebene. In der Feier der Eucharistie erinnern wir uns an das letzte Abendmahl. Wir freuen uns daran, dass der Auferstandene gegenwärtig ist, und danken für das, was wir von IHM empfangen. Eucharistie heißt übersetzt: Dank sagen.
AC: Der Apostel Paulus hat das Beispiel, das Jesus uns gibt, beherzigt. Er wirbt eindringlich für eine Haltung der Dankbarkeit und Freude, wenn er sagt: »Freut euch zu jeder Zeit. Betet ohne Unterlass! Dankt für

alles« (1 Thess 5,16–18). Dabei hatte Paulus ein schweres Leben, er wurde verfolgt, kam ins Gefängnis. Und doch lebte er aus einem tiefen Grund, der ihm Kraft und Halt gegeben und reiche Frucht gebracht hat. Er versteht Seelsorger nicht als »Herren des Glaubens«, sondern als »Mitarbeiter eurer Freude« (2 Kor 1,24).

J: In diesem Dreiklang von Freuen, Beten, Danken kommt eine weitere Dimension in den Blick: Wir sollen uns zu »jeder Zeit« freuen, »ohne Unterlass« beten und »für alles« danken. Überfordert uns das nicht? Wie verstehst du diese Hinweise des Paulus, die kein zeitliches Limit enthalten und sich auf alles zu beziehen scheinen?

AC: Ich glaube, dass es darum geht, gegenwärtig zu sein. Paulus spricht die Dimension des Bleibenden inmitten des vergänglichen Lebens an. Als wolle er damit sagen: Wenn ihr diesen Zustand, der sich aus der Verbindung mit dem gegenwärtigen Gott einstellt, in eurer Seele bewahren könnt, dann ist alles da, was ihr braucht. Die Wahrnehmung der Gegenwart Gottes erfüllt Paulus mit Dankbarkeit und Hoffnung auch für die Zukunft: »Wir wissen aber, dass denen, die Gott lieben, alles zum Guten gereicht« (Röm 8,28).

J: Können wir etwas tun, um diesen Zustand der Gegenwärtigkeit zu fördern?

AC: Ja. Der hl. Ignatius schlägt vor, sich täglich Zeit für einen Tagesrückblick zu nehmen. Man kann drei Punkte aus den Ereignissen des Tages wählen, für die man besonders danken kann. Das wirkt! Dies belegt auch die Gehirnforschung. Wenn wir unseren Blick auf positive Ereignisse richten, verändern wir die Verknüpfungen in unserem Gehirn. Es wird eine Aufwärtsbewegung in Gang gesetzt: Es mehren sich gute Gefühle wie Freude, Glück und Zufriedenheit. Auch das regelmäßige Gebet bzw. die Meditation haben nachweisbare Wirkungen auf unser Gehirn, wie Untersuchungen von tibetanischen Mönchen, die eine jahrzehntelange geistliche Gebetsschulung durchlaufen hatten, gezeigt haben. Es gibt aber auch Menschen, die ständig für alles danken und dennoch ein ungutes Gefühl bei mir hinterlassen. Wie kommt das?

J: Ein Grund könnte sein, dass das Danken die Rolle übernimmt, über schwierige Situationen und Gefühle hinwegzugehen, um Konflikte zu vermeiden.

AC: Es braucht also das ehrliche Danke, das auch mal ein »Nein, danke« sein kann – das gilt auch für den Tagesrückblick. Ich habe das in einer geistlichen Begleitung erlebt, wo jemand im Tagesrückblick nur das Positive da sein ließ. Im Laufe der Zeit wurde die Person immer aggressiver. Erst in dem Moment, als im Tagesrückblick auch Raum war für das Nicht-Gelungene, kam innere Ruhe.

J: Das ist ein gutes Beispiel für den Unterschied zwischen der Technik des positiven Denkens und dem ignatianischen Tagesrückblick, der nicht nur Positives, sondern alles in die Wahrnehmung kommen lässt, im Vertrauen auf Gott, der alles zum Guten wenden will. Wir steuern die Dinge also nicht in eine positive Richtung. Es kann in uns auch Rebellion geben, ein Nein, das nicht zu übersprungen werden braucht. Auch dieses kann ich in die Hände Gottes legen. Auch die Exerzitien des hl. Ignatius sind eine Schule der Freude an Gott. In der vierten Woche gibt Ignatius den Hinweis: »Gnade erbitten, um fröhlich zu sein und mich intensiv zu freuen über so große Herrlichkeit und Freude Christi, unseres Herrn« (EB 221).

AC: Ebenso lädt Ignatius ein, einen dankbaren Blick auf das eigene Leben zu werfen: »Um innere Erkenntnis von so viel empfangenem Guten bitten ..., indem ich es gänzlich anerkenne« (EB 233). Für das Schöne und Gute in meinem Leben zu danken ist oft ein erster Zugang zu einer umfassenden Dankbarkeit. Der Jesuit und Priester Alfred Delp hat mit gefesselten Händen aus einer Zelle im Gefängnis Berlin-Tegel am 17. November 1944 ein bewegendes Plädoyer für die Dankbarkeit gehalten: »Das eine ist mir so klar und spürbar wie selten: Die Welt ist Gottes so voll. Aus allen Poren der Dinge quillt er gleichsam uns entgegen. Wir aber sind oft blind. Wir bleiben in den schönen und bösen Stunden hängen und erleben sie nicht durch bis an den Brunnenpunkt, an dem sie aus Gott herausströmen. Das gilt für alles Schöne und auch für das Elend. In allem will Gott Begegnung feiern und fragt und will die anbetende, hingebende Antwort ...«

J: Alfred Delp zeigt sich hier als ein durch und durch wahrnehmender Mensch. Genau das üben wir ein bei kontemplativen Exerzitien: ganz gegenwärtig und empfänglich zu sein für das, was uns aus der Fülle des Daseins entgegenquillt. Das wirkt in uns Freude und Dankbarkeit.

AC: Auf dem »Grieser Weg« der Kontemplation sind die Wahrnehmungsübungen in der Natur am ersten Tag der Exerzitien eine bewährte Hilfe. Unseren einfachsten Zugang zur Wahrnehmung haben wir über unsere fünf Sinne: schauen, hören, riechen, tasten und schmecken. Wir üben z. B. ganz Auge oder ganz Ohr zu sein, indem wir einen Baum auf uns wirken lassen oder dem Zwitschern der Vögel lauschen. Wir bleiben beim einfachen, aufmerksamen Wahrnehmen, ohne über diese Dinge nachzudenken oder ins Beurteilen zu kommen.

J: Du hast von der Natur gesprochen. Viele Exerzitanten entdecken bei dieser Übung, wie viel Schönes sie umgibt. Sie können es oft nicht wahrnehmen, weil sie in Gedanken oder in ihren Sorgen gefangen sind. Über das Wahrnehmen werden Dankbarkeit und Freude geweckt. Dankbarkeit und Freude sind so wesentlich, dass es mich wundert, dass in den Evangelien nicht ausdrücklich auch davon berichtet wird, dass Jesus sich gefreut hat. Wir hören, dass er geweint hat oder zornig wurde. Für mich wäre es tröstlich, eine Stelle zu finden, wo Jesus sich gefreut oder gelacht hat.
AC: Im Roman »Der Name der Rose« geht es auch um das Lachen Jesu. Der Franziskaner William von Baskerville diskutiert mit dem Klosterbruder Jorge, der einen ernsten Jesus predigt. Baskerville entgegnet ihm: »Ich frage mich, warum Ihr so abweisend gegen den Gedanken seid, dass Jesus gelacht haben könnte.«
J: Vielleicht gehörte die Freude so selbstverständlich zu Jesus und seinem Leben, dass die Evangelisten dies nicht eigens erwähnten. Einzig im Johannesevangelium findet sich ein Hinweis auf Jesu Freude: »Dies habe ich euch gesagt, damit meine Freude in euch ist und damit eure Freude vollkommen wird« (Joh 15,11). Vielleicht war Jesus selbst die Verkörperung der Freude. Vielleicht meint »vollkommene Freude« dieses »Ganz-in-der-Freude-Sein«?
AC: Dafür spricht die Begegnung der beiden schwangeren Frauen Elisabet und Maria. Elisabet sagt zu Maria »In dem Augenblick, als ich deinen Gruß hörte, hüpfte das Kind vor Freude in meinem Leib« (Lk 1,44). Johannes im Mutterleib von Elisabet spürt die Gegenwart Jesu im Leib von Maria und freut sich. Das Mitteilen dieser Freude weckt auch in Maria große Freude, die sie ausdrückt im Magnifikat: »Meine

Seele preist die Größe des Herrn und mein Geist jubelt über Gott meinen Retter« (Lk 1,46 f).

J: Die Begegnung mit Menschen, die aus Dankbarkeit und Freude leben, ist ansteckend und weckt Freude und Dankbarkeit in anderen.

AC: Stimmt. Ich erinnere mich an eine ältere Frau, die mit ihrer schwerkranken Tochter zur Beratung kam. Diese konnte nicht mehr arbeiten. Es wären weitere Termine notwendig gewesen, aber die Tochter konnte nicht mehr zu mir kommen. Trotz vieler Schwierigkeiten gelang es, eine Erwerbsminderungsrente für sie zu bekommen. Die Mutter war überglücklich. Danach kam sie Jahr für Jahr kurz vor Weihnachten mit dem Bus in die Stadt, um mich im Büro zu besuchen. In ihrer Tasche transportierte sie eine selbstgebackene Linzer Torte, eine Pflanze und eine Karte. Sie dankte mir immer wieder neu für mein Engagement, als wäre es gerade gestern gewesen. Das rührte mich und ließ in mir Freude und Dankbarkeit wachsen. Durch ihr Verhalten hat sie mir auch gezeigt, dass auch ich dankbar sein darf über Erfolge in der Arbeit.

J: Eine Kultur der Dankbarkeit zu pflegen ist für jeden Betrieb wesentlich. Nicht umsonst gibt es Dankeschön-Essen, einen wertschätzenden Jahresrückblick auf das Arbeitsjahr und viele weitere Formen, den Einsatz der Mitarbeiter zu würdigen. Dies trägt zu einer guten Atmosphäre am Arbeitsplatz bei. Undankbarkeit hingegen bringt keine guten Früchte hervor. Ignatius schreibt in einem Brief vom 18. März 1542, die Undankbarkeit stelle das Grundübel des Menschen dar.

AC: Das leuchtet mir ein. Die Wirkungen der Undankbarkeit sind vielfältig: Neid und Missgunst, Geiz, Hochmut. Wenn ich danke, anerkenne ich, dass mir

etwas zukommt, was mir guttut. Auch zeige ich damit, dass ich auch etwas brauche von anderen und mir nicht alles selbst geben kann. Wenn ich hingegen hochmütig bin, glaube ich, dass ich alles mir selbst verdanke. Dankbare Menschen neigen weniger zu Neid oder Missgunst, weil sie spüren und anerkennen, dass sie selbst beschenkt werden.
J: Wir sind jetzt ein gutes Stück Weg miteinander gegangen. Es ist die Zeit gekommen, innezuhalten und den Wirkungen des Gesprächs nachzuspüren. Wie die Emmausjünger wollen wir uns fragen:

Wo gingen mir die Augen auf, wo brannte das Herz?

AC: Mir gingen die Augen auf bei der Erkenntnis, dass das Dasein selbst Freude bringt, denn auch im tiefen Schmerz kann ich erfahren, dass ich nicht alleine bin. Es genügt, in der Gegenwart Gottes zu sein.
J: Mir brannte das Herz bei der Einsicht, Jesus als Verkörperung der Freude zu verstehen, der die Freude in den Menschen durch sein Dasein geweckt hat.

Übung: 15 Minuten Stille

Wo gingen mir beim Lesen die Augen auf, wo brannte mir das Herz?

Ich rufe mir drei Dinge oder Lebenssituationen in Erinnerung, für die ich besonders dankbar bin.

Wann war der Moment der größten Freude in meinem Leben?

Ich und Du

Einleitung

Wir Menschen sind Beziehungswesen, auf ein Du hin geschaffen. Und doch sind wir oft konfrontiert mit unserem Egoismus oder dem Egoismus anderer. Wir sehnen uns danach, wahrgenommen zu werden, wir sehnen uns nach echter Begegnung, und doch leiden wir oft unter Beziehungslosigkeit und Isolation. Wir wünschen uns ein Leben mit Tiefgang, und doch laufen wir vor uns selbst davon und lenken uns ab mit vielerlei Zerstreuungen. Gibt es eine Medizin, die uns von den Erkrankungen einer falschen Ich-Bezogenheit heilt und uns in lebendige Beziehungen führt?

Gespräch

Joachim: Für Ignatius ist die beste Medizin für geistliches Wachstum im Exerzitienbuch so ausgedrückt: »Denn das soll ein jeder bedenken, dass er in allen geistlichen Dingen nur insoweit Fortschritte machen wird, als er herausspringt aus seiner Eigenliebe, seinem Eigenwillen und seinem Eigennutz« (EB 189). Wie klingt das für dich?
Annette Clara: Da müsste man noch differenzieren, denn der eigene Wille ist kostbar für mein geistliches Leben und hat auch mit Entschiedenheit und Ausrichtung zu tun. Für mich stimmt eher ein Satz, den ich in meiner Kindheit gehört habe: »›Ich will‹, das Wort ist mächtig, spricht es einer ernst und still, die Sterne reißt es vom Himmel, das eine Wort ›ich will‹.«

J: Auch Ignatius hält viel vom Willen und war selbst willensstark. Dein Zitat aus der Kindheit würde ihm sicherlich auch gefallen, hat er doch selbst gesagt: »Wer wirklich will, dem ist nichts schwer.« Es kommt ihm darauf an, wie und woraufhin unser Wille ausgerichtet ist. Drehen wir uns dabei nur um uns selbst, oder blicken wir auch auf andere?
AC: Anders gesagt: Mache ich mich zum Mittelpunkt des Lebens oder kann ich wahrnehmen, dass ich Teil eines größeren Ganzen bin? Um mit Kopernikus zu sprechen: Kann ich wahrnehmen, dass ich wie die Erde bin, die sich um die Sonne dreht, oder lebe ich so, als würde sich die Sonne bzw. alles um mich drehen? Wir müssen im geistlichen Leben diese kopernikanische Wende immer wieder vollziehen.
J: Christlich gesprochen, ist die kopernikanische Wende nichts anderes als Du-Bezogenheit.
AC: Und diese zieht sich wie ein roter Faden durch die Heilige Schrift. Gott wirbt dafür, dass wir IHN an die erste Stelle und ins Zentrum unseres Lebens setzen.
J: Für mich sind hier zwei Textstellen wichtig: Im Schöpfungsbericht wird beschrieben, wie der Mensch aus der Du-Bezogenheit herausfällt, weil er sich selbst zum Mittelpunkt macht. Er verliert die Ausrichtung auf Gott und den Kontakt zu sich selbst. »Wo bist du, Adam?« (Gen 3,9), fragt Gott. Mit dieser Frage ist ja auch der Zustand des Menschen beschrieben, der nicht im Hier und Jetzt ist, wo das Leben spielt. Eine andere markante Stelle findet sich im ersten Kapitel des Johannesevangeliums. Als die ersten Jünger Jesus nachfolgen wollen, wendet er sich ihnen zu mit der Frage: »Was sucht ihr?« (Joh 1,38). Jesus ist hier ganz Du-bezogen. Seine Frage bringt die Jünger in Kontakt mit

sich selbst. Sie sollen spüren, was sie bewegt, woher sie kommen, wonach sie sich sehnen.

AC: Mir fällt Johannes der Täufer ein. Er erkennt in Jesus den größeren Meister und bindet seine Anhänger nicht an sich selbst, sondern gibt sie frei mit dem Hinweis: »Seht, das Lamm Gottes« (Joh 1,29). Ein leuchtendes Beispiel für Du-Bezogenheit.

J: Das ist künstlerisch sehr treffend auf dem Isenheimer Altar dargestellt. Johannes der Täufer wird hier mit einem überdimensionalen Zeigefinger gemalt, mit dem er auf Jesus hinweist.

AC: Für die geistliche Begleitung ist die Haltung des Täufers wegweisend. Für mich ist er ein Patron der geistlichen Begleitung. Denn wenn wir ambitioniert sind und bestimmte Ergebnisse erzielen wollen, dann stehen wir dem Wirken Gottes im Weg. Stattdessen sollten wir durchlässig sein für SEINE Wegweisung. Wir sind als geistliche Begleiter und Begleiterinnen Bodenpersonal, das assistieren darf beim Heilsgeschehen zwischen Gott und dem Menschen.

J: Kannst du mir ein Beispiel aus der Begleitung nennen?

AC: Es kam eine Frau zum Gespräch, die in Not war. Ich wollte ihr helfen und mühte mich sehr, sie zu verstehen, um ihr dann einen Rat oder eine Lösung anzubieten. Aber ihre Gedanken und Fragen waren so verwirrend, dass ich zunehmend unter Druck geriet. Schließlich kam ich an den Punkt, an dem ich innerlich spürte: Jetzt ist es wichtig, den Wunsch, zu verstehen und etwas zu raten, aufzugeben und einfach »nur« da zu sein. Das war die entscheidende Wende vom Ich zum Du. Am Ende des Gespräches sagte sie: »Vielen Dank, Sie haben mir sehr geholfen, jetzt weiß ich den Weg.« Sie hatte sowohl das Problem als auch die Lösung in sich getragen und ein Gegenüber gebraucht, das da war und zuhörte.

J: Das ist ein gutes Beispiel für eine kontemplative Grundhaltung. Wir lernen, mit unserer Aufmerksamkeit und unserem ganzen Interesse bei jemandem oder etwas bleiben zu können in der Haltung der Absichtslosigkeit und Offenheit für das, was sich ereignet. Wir wollen keine Ergebnisse erzielen. Wir sind einfach da und nehmen wahr. Das üben wir ein auf dem »Grieser Weg« der Kontemplation. Wir lernen konkrete Übungen kennen, die uns helfen, unsere Aufmerksamkeit zu bündeln, wach und interessiert da zu sein und da zu bleiben.

AC: Der kontemplative Weg ist eine Schule der Du-Bezogenheit. Wir vollziehen die Wende vom Drehen um uns selbst zur Gottbezogenheit. Wenn ich an den Schöpfungsbericht denke, dann kehren wir um und treten den Rückweg zum Paradies an. Dabei sind wir nicht allein. Jesus will uns diesen Weg bahnen und uns zu Gott zurückführen. Er selbst ist ja ein Meister der Du-Bezogenheit. Er fragt die Menschen, was sie bedrückt, was sie wünschen. Er hört mit dem Herzen und berührt damit die Menschen im Innersten, so dass sie sich öffnen können und IHM vertrauen. Jesus spürt aber auch, was er selbst braucht. Er zieht sich immer wieder zurück in die Einsamkeit und betet, ausgerichtet auf den Vater.

J: Das klingt ja nach einer dreifachen Du-Bezogenheit. Mit Blick auf Gott und den Nächsten kann ich das gut verstehen. Aber was meint Du-Bezogenheit mir selbst gegenüber?

AC: Dass ich mich als Person wahrnehme, dass ich wahrnehme, was ich brauche. Wenn ich mich selbst ausbeute, als Objekt behandle, dann nehme ich mich nicht wahr als ein Du. Ich denke an meine langjährigen Erfahrungen im Fitness-Center. Da wurde trainiert, koste es, was es wolle. Eine Frau ist mir besonders in Erinnerung geblieben. Sie hatte einen anspruchsvollen Job, pflegte die Eltern und hetzte nach der Arbeit und vor der Pflege noch schnell zum Center. Sie war eine zierliche und erschöpfte Person, die sich dennoch gnadenlos die höchsten Gewichte auflegte. Der Slogan des Centers lautete: »Ich im Mittelpunkt«.

J: Dein Beispiel ist für mich erhellend. Auch so etwas Gutes wie Sport, die Fürsorge für meinen Leib, kann in eine verkehrte Richtung gehen, wenn ich mich dabei nicht wahrnehme, nicht auf die Signale meines Körpers achte und mich wie eine Leistungsmaschine behandle.

AC: Die Du-Bezogenheit mir selbst gegenüber ist nicht nur im Sport wichtig, sondern in allen Lebensbereichen. Viele Menschen spüren sich kaum. Das merkt man auch in den Exerzitien. In der Regel brauchen die Exerzitanten ca. drei Tage, bis sie bei sich ankommen und eine Ausgangsbasis für das kontemplative Gebet haben. Viele sind erstaunt, wie viel Müdigkeit und Erschöpfung da ist.

J: Eine Ursache für die mangelnde Selbstwahrnehmung der heutigen Zeit ist die Tendenz des Menschen, sich zu zerstreuen, statt sich zu sammeln. Zerstreuung ist ein Abwehrreflex: nicht sehen oder spüren oder anschauen wollen, was in mir und meinem Leben auch an Unangenehmem da ist. Es gibt eine Unkultur der Zerstreuung: stundenlang Fernsehen oder einen großen Teil meiner Aufmerksamkeit immer auf das Smartphone gerichtet halten, Dauerberieselung durch Musik und Bildschirme beim Einkaufen, beim Arzt, im Zug und Flugzeug. Der kontemplative Weg geht in die entgegengesetzte Richtung. Wir lernen uns zu sammeln und zu spüren.

AC: Spüren ist ein gutes Stichwort. Ein junger Mann, der zum ersten Mal die kontemplativen Exerzitien in Haus Gries machte, sagte zum Abschied: »Ich habe mich das erste Mal richtig gespürt: dass ich da bin und Leben da ist.« Für ihn hatte sich durch das Einüben der Wahrnehmung ein wichtiger Zugang zu seinem Leben, zu seinen Gefühlen und zum Glauben eröffnet.

J: Wir haben jetzt viel über die Du-Bezogenheit gesprochen. Dieser steht die Ich-Bezogenheit gegenüber. Die christliche Tradition nennt drei Symptome der Ichbezogenheit: Habsucht, Machtsucht und Ehrsucht. Sogar unser Beten ist häufig davon betroffen. Wenn mein Beten ergebnisorientiert ist, wenn ich etwas haben will, wenn ich stolz bin auf meine Gebetspraxis, wenn ich außergewöhnliche Erfahrungen suche, wenn ich meinen geistlichen Prozess selbst steuern will und vieles mehr. Was hilft dir, dich im Alltag auszurichten?

AC: Tagesbeginn und Abschluss sind Eckpunkte meines Tages. Am Morgen beginne ich mit einer Schriftlesung, die mich ausrichtet und durch den Tag begleitet. Am Abend halte ich im Sinn und Stil des heiligen Ignatius einen Tagesrückblick mit folgenden Fragen: Wo war ich präsent, wofür kann ich danken, was ist nicht gut gelaufen, kann ich den Tag so in Gottes Hände legen? Manchmal hilft es mir, bewusst die Hände ineinanderzulegen und zu spüren oder ein Kreuzzeichen zu machen. Das Kreuzzeichen selbst ist ja ein verdichtetes Zeichen der Du-Bezogenheit, eine Absichtserklärung für eine Ausrichtung auf Gott. Und natürlich hat das kontemplative Beten einen festen

Platz in meiner Tagesstruktur. Hast du auch Rituale, um dich im Alltag auszurichten?

J: Ja. Neben expliziten festen Zeiten für das kontemplative Gebet sind der Tagesbeginn und -abschluss auch für mich wichtig. Wenn ich mitten in der Arbeit bin und vieles zu tun ist, hilft es mir, mich für einen Moment hinzusetzen und durchzuatmen. Oder ich gehe einmal ums Haus, um innerlich einen Schritt zurückzutreten, so kann ich mich wieder spüren und einen gesunden Abstand zu den Dingen finden. Manchmal hilft das Jesus-Gebet oder einfach ein »Vaterunser«. Das »Vaterunser« ist das einzige Gebet, das Jesus uns hinterlassen hat. Es ist ein Gebet und Testament der Du-Bezogenheit: »Vater unser im Himmel, geheiligt werde dein Name, dein Reich komme, dein Wille geschehe« (Mt 6,9 f.). Wenn wir den Gott der Liebe an die erste Stelle setzen, kommt unser Wollen und Streben in eine gute Ordnung.

AC: Das Thema »Ich und Du« trifft nicht nur den Menschen als Individuum, sondern betrifft auch die menschliche Gemeinschaft als Ganzes. Ich denke an die Politik. Wenn salonfähig wird, nur die Interessen des eigenen Landes zu verfolgen, ist das eine Form der Ich-Bezogenheit, die gravierende Auswirkungen auf das gesamte Weltgefüge hat. »America first« ist hierfür ein aktuelles Beispiel. Es braucht aber auch in der Politik wesentlich die Du-Bezogenheit, d. h. den Blick auf die Weltgemeinschaft und deren Verflechtungen. Ich denke an die Ressourcen der Erde, an Klimaschutz, Hunger in der Welt und die Bewahrung oder Wiederherstellung von Frieden. Die Demokratie selbst fordert stets neu eine Kultur des Gesprächs, der Auseinandersetzung und des Ringens um eine Lösung im Sinne des Gemeinwohls.

J: Die gegenwärtige Weltpolitik zeigt ein Tauziehen zwischen den Haltungen der Ich- und der Du-Bezogenheit. Der drohende Zerfall Europas, die Infragestellung der Demokratie sind beängstigende Wirkungen einer fehlenden Du-Bezogenheit.
AC: Wir sind jetzt ein gutes Stück Weg miteinander gegangen. Es ist die Zeit gekommen, innezuhalten und den Wirkungen des Gesprächs nachzuspüren. Wie die Emmausjünger wollen wir uns fragen:

Wo gingen mir die Augen auf, wo brannte das Herz?

J: Mir gingen die Augen auf, wie kostbar es ist, über einen eigenen Willen zu verfügen und dabei auf die Ausrichtung meines Willens zu achten.
AC: Mir brannte das Herz bei der Erkenntnis, dass das Schicksal der Welt und der Frieden wesentlich abhängen von der Einübung der Du-Bezogenheit auf individueller und kollektiver Ebene.

Übung: 15 Minuten Stille

Wo brannte mir beim Lesen das Herz, wo gingen mir die Augen auf?

Ich spüre nach, ob es in meinem gegenwärtigen Leben Beispiele für Habsucht, Machtsucht oder Ehrsucht gibt. Ich frage mich: Wo will ich möglichst viel haben oder bekommen, gibt es Situationen, in denen ich versuche, andere zu dominieren oder den ersten Platz einzunehmen?

Ich suche ein alltagstaugliches Ritual, das mir zu mehr Du-Bezogenheit verhilft.

Leere und Fülle

Einleitung

»Leichter geht ein Kamel durch ein Nadelöhr, als dass ein Reicher in das Reich Gottes gelangt« (Mk 10,25), sagt Jesus den Jüngern und legt damit den Finger auf einen zentralen Punkt im christlichen Leben: unsere Bereitschaft, leer oder arm zu werden vor Gott. Die Jünger erschrecken, weil sie spüren, wie schwer es ist, wirklich leer und arm zu werden. Es ist gerade diese Textstelle, die immer wieder zu Missverständnissen führt: Sollen wir alle arm werden, nichts besitzen, asketisch sein? Gönnt Jesus uns nichts? ER hat uns doch das Leben in Fülle verheißen. Das Wort Leere ist nicht leicht zu fassen, weil es ganz unterschiedlich verstanden werden kann und zunächst einmal negativ klingt. Und doch ist gerade die Bereitschaft zum Leerwerden wesentlich für das spirituelle Leben und spielt daher auch eine wichtige Rolle im Rahmen von kontemplativen Exerzitien.

Gespräch

Joachim: Das Thema Leere klingt nach Mangel und unerfülltem Leben.
Annette Clara: Stimmt. Leere kann Mangel sein. Es kann aber auch eine Fülle in der Leere geben. Dann drückt die Leere die Bereitschaft aus, offen zu sein für das Empfangen. Leere kann viele Bedeutungen haben.
J: Viele Menschen fühlen sich ganz leer, finden keinen Sinn im Leben und sind ausgebrannt.

AC: Das sind dann Lebensphasen der unfreiwilligen Leere. Wenn ich einsam bin, ohne Trost, ohne Arbeit, dann sind mir wesentliche Dinge entzogen und ich empfinde Mangel. Dieser Mangel ist ein Zeichen unserer Zeit. Es gibt dafür viele Worte: Burnout, Depression, Suchterkrankungen, Sinnlosigkeit. Für das Burnout gibt es auch in der Heiligen Schrift ein markantes Beispiel. Ich denke an den Propheten Elija, der sich für Gott abgerackert hat (vgl. 1 Kön 19,1–13). Doch dann stellen sich Misserfolge ein, man trachtet ihm nach dem Leben. Seine Mission erscheint ihm als gescheitert. Es folgt ein Zusammenbruch. Er ist innerlich leer und ausgebrannt und legt sich unter einen Ginsterstrauch und will sterben. Sein Zusammenbruch macht ihn aber zugleich empfänglich für eine neue Begegnung mit Gott. Jeder Zusammenbruch birgt eine Chance. Gerade wenn die eigene Kraft nicht mehr trägt, werden innerlich Suchbewegungen ausgelöst, es können sich Türen öffnen, die uns einen Weg weisen, unser Leben neu auszurichten.

J: Die Leere im Kontext von christlicher Spiritualität meint ein freiwilliges Leerwerden. Das üben wir ein in den kontemplativen Exerzitien: Wir schenken unseren Gedanken, Vorstellungen, Bildern, Projekten keine Aufmerksamkeit, das heißt, wir lassen sie kommen und gehen, halten sie nicht fest oder wehren sie nicht ab. Wenn ich die Hände voller Dinge habe, die ich festhalte, dann kann ich auch nichts aufnehmen, empfangen. Wir lassen also das eigene Wollen und Denken leer und sind offen für das, was sich zeigen, offenbaren, mitteilen will.

AC: So einfach ist das mit der freiwilligen Leere nicht. Mit meiner Mutter habe ich öfters diskutiert über einen Satz in einem Gebet von Niklaus von der Flüe:

»Mein Herr und mein Gott, nimm mich mir und gib mich ganz zu eigen Dir.« Sie sagte: »Ich kann und will mich doch nicht einfach aufgeben, ich will auch leben.« Sie hatte das Gebet als Aufforderung zur Selbstaufgabe verstanden. Dabei geht es nicht um die Aufgabe der eigenen Person, sondern um das Loslassen von verengten Vorstellungen von sich selbst, um das Leben in Fülle von Gott zu empfangen. Der biblische Ausdruck dafür ist: »Wer sein Leben um meinetwillen verliert, wird es finden« (Mt 16,25).

J: Mir scheint, deine Mutter hat etwas Wichtiges erkannt. Der Aufruf zur Leere kann auch in eine ungesunde Richtung gehen. Wenn ich in meinem Leben noch gar nicht angekommen bin und vieles in mir noch nicht leben darf, dann macht der Aufruf zu Verzicht und zum Leerwerden keinen Sinn. Es muss zuvor erst etwas ins Leben gekommen sein, nur dann kann ich auch verzichten. Und verzichten kann ich dann gut, wenn ich Gott vertrauen kann, dass ER meine Leere füllen wird. Meine Sehnsucht nach Gott führt mich auf diesem Weg. Weil das Wort »Leere« oft missverstanden wird, frage ich mich, ob »Empfänglichkeit« nicht das bessere und genauere Wort wäre.

AC: Da bin ich mir nicht sicher. Es könnte sein, dass dann etwas übersprungen wird, weil mit dem Wort Empfänglichkeit gleich der Aspekt des Empfangens von etwas in den Blick kommt. Es gibt einen Zustand von Leere, wo auch das Empfangen ungewiss ist. Dann braucht es Geduld, Ausharren, Treue und blindes Vertrauen. So wie es unser Urvater Abraham eingeübt hat: Er musste über 25 Jahre warten, bis sich die Verheißung »Ich werde dich zu einem großen Volk machen« (Gen 12,2) erfüllte. Auch im Neuen Testament ist viel von der Leere die Rede, oft unter dem Stichwort »Armut«. Es gibt mehr als 20 Textstellen, wo Jesus eindringlich für die Leere wirbt: Ich denke hier an die immer wiederkehrende Aufforderung Jesu, alles zu verkaufen, z. B. beim Gleichnis vom »Schatz im Acker und von der Perle« (Mt 13,44–46) oder in Jesu Aussage: »Leichter geht ein Kamel durch ein Nadelöhr, als dass ein Reicher in das Reich Gottes gelangt« (Mk 10,25). Warum liegt das Jesus so am Herzen? Wie verstehst du das?

J: Jesus schaut auf das Herz und fragt: Woran hängt dein Herz? Hängt es an endlichen Werten wie Reichtum, Besitz, Erfolg, die vergänglich sind, oder hängt dein Herz an dem, was bleibt, was immer da ist?
»Denn wo dein Schatz ist, da ist auch dein Herz«, sagt uns die Heilige Schrift (Mt 6,21).

AC: Geht es Jesus einzig um die Gegenüberstellung von Vergänglichem und Unvergänglichem?

J: Sicher geht es ihm auch um die Frage: Bin ich innerlich frei? Kann ich alles auf den Prüfstand stellen oder hänge ich an bestimmten Vorstellungen fest? Ignatius spricht hier von »Indifferenz«, um innerlich frei und verfügbar für den Willen Gottes zu sein. »Indifferenz« meint »Gleichmut«, »Gelassenheit«, »innere Freiheit«. Es geht für Ignatius wesentlich darum, dass wir uns von unseren Abhängigkeiten und Fixierungen lösen. Ignatius nennt Abhängigkeiten »ungeordnete Anhänglichkeiten« (EB 1).

AC: Jesu Werben für das Leerwerden drückt auch eine Sehnsucht aus: die Sehnsucht Gottes, sich selbst uns zu schenken. Dafür braucht es einen inneren Raum. Wir schaffen diesen Raum, indem wir einüben, in der Stille lauschend und wach da zu sein. Dafür bieten die kontemplativen Exerzitien gute Rahmenbedingungen. Die äußere Stille wird durch das Schweigen gesichert.

Das Schweigen ist eine Leerstelle, die Platz schafft für Gottes Wirken und Mitteilen. Für die innere Stille disponieren wir uns, indem wir einüben, wahrzunehmen und anzunehmen, was ist. Wie ein leeres Gefäß bleiben wir offen und aufnahmebereit für das Wirken Gottes in der Stille.

J: Das ist auch wesentlich für unsere zwischenmenschlichen Beziehungen: Die Fixierung auf eigene Ansprüche, Wünsche und Erwartungen verbauen den Kontakt oder verzwecken eine andere Person. Wenn ich hingegen ganz für den anderen da sein kann, kann echte Begegnung stattfinden.

AC: Ganz für andere da sein ist ein gutes Stichwort. Mir fällt das Märchen »Die Sterntaler« ein. Es hat mich als Kind sehr beeindruckt. Ein armes Waisenkind, das außer einem Stück Brot nichts besitzt, geht in die Welt hinaus. Unterwegs verschenkt es das Wenige, das es hat, an Bedürftige. Da fallen die Sterne als Silbertaler vom Himmel. Es hat ein neues, feines Leinenhemdchen an, in das es sie auffängt. Diese Haltung des Gebens und Empfangens hat mir so gefallen, dass ich immer wieder mein Schürzchen gehoben habe mit Blick zum Himmel. Es kamen zwar keine Silbertaler, aber ich hatte begriffen: Solches freiwilliges Leerwerden öffnet den Himmel und zieht die Gnade Gottes herab. Eine Verheißung, die mich als Kind getröstet hat.

J: Das Märchen drückt etwas vom Geheimnis der Leere und Fülle aus. Auch mir kommt ein eindrückliches Erlebnis dazu in den Sinn. Als ich während meiner Ordensausbildung in Indien war, arbeitete ich bei einem Sozialprojekt für aidskranke Kinder mit. Zum Abschied verschenkte ich kleine Medaillons. Ein ganz armes und einfaches Mädchen zeigte eine so pure und strahlende Freude, wie ich sie nie zuvor bei einem

Menschen gesehen hatte. Sie war ganz Freude. Offensichtlich hatte sie ihre Armut, ihre Krankheit und Leere sehr empfänglich für die kleinen und großen Geschenke des Lebens gemacht.

AC: Im Grunde müssen alle Menschen den Weg der Leere gehen. Beim Leerwerden stoßen wir auf ein Gesetz des Lebens. Unser Leben ist endlich. Mit dem Tod kommt die Erfahrung einer radikalen Leere auf uns zu. Es kann eine hilfreiche Übung sein, auf das eigene Leben aus der Perspektive der Endlichkeit und des Todes zu schauen, um zu erkennen, was im Leben wirklich zählt und woran mein Herz hängt. Ignatius schlägt im Exerzitienbuch vor, auf Dinge zu schauen: »Gleich als wäre ich in der Todesstunde …« (EB 186).

J: Der Tod selbst ist aus christlicher Sicht kein Endpunkt, sondern Durchgang zu neuem Leben. Im Philipperhymnus (Phil 2,5–11) wird Jesu Tod am Kreuz als radikales Leerwerden beschrieben. Dort taucht das griechische Wort »kenosis« auf, was »Leerwerden« oder »Entleeren« bedeutet. Jesu Hingabe bringt als radikale Frucht die Auferstehung. Ostern selbst ist damit eine einzige Botschaft und Ermutigung, sich der Leere im Leben wie im Tod zu stellen.

AC: Wenn wir das beherzigen, wachsen wir und werden innerlich frei. Gerade in der geistlichen Begleitung von Menschen zeigen sich aber immer wieder viele Formen von Unfreiheit.

J: Das nehme ich auch wahr. Die Sucht ist eine häufige Form der Unfreiheit. Sie kommt in verschiedenen und auch subtilen Arten vor und ist ein großes Thema im Leben wie auch in Exerzitien.

AC: Süchte sind ein Ausdruck von innerer Leere, sie sind Ausdruck einer Sehnsucht nach Lebendigkeit, die nicht durchgetragen werden kann und daher vorzeitig mit falschen Dingen gefüllt wird. Das führt dann zu einer unechten Fülle, zu etwas, das unseren Hunger und Durst nach einem erfüllten Leben nicht stillen kann.

J: So gesehen kann das Leerwerden im geistlichen Leben oder im Rahmen von Exerzitien als eine Art von Entzug betrachtet werden: einem Entzug, der nötig und heilsam ist, um uns frei zu machen für das Wirken Gottes.

AC: Dafür habe ich ein Beispiel: Ich erinnere mich an eine Exerzitantin, die unter einer entsetzlichen Langeweile litt. Um dieser zu entgehen, entwickelte sie viele Aktivitäten. Die Langeweile war für sie eine unerträgliche Leere. Der Entzug von Aktivitäten war hier wesentlich für den Wachstumsprozess. Im mutigen Durchleiden der trostlosen Langeweile kam eine Fülle von schweren Kindheitserlebnissen zum Vorschein. Die Langeweile war nur ein Deckmantel für tiefliegende ungelöste Konflikte. Als diese gesehen und mitgeteilt und angenommen werden konnten, verschwand die Langeweile.

J: Da stellt sich mir die Frage: Wie unterscheidet man eine gute oder echte Leere von einer unechten, falschen Leere? Gibt es Kriterien?

AC: Ich kann mich fragen, was für eine Resonanz zeigt sich in mir, wenn ein Exerztitant von Leere spricht. Ich kann schauen, wie steht die Person zum Zustand der Leere. Und ich kann achten auf den Kontext, aus dem eine Person kommt. Sind das geordnete Verhältnisse, ist ein Mensch gut aufgestellt in seinem Leben und damit zufrieden oder nicht? Ein anderer Punkt ist: Kennt sich die Person selbst gut, nimmt sie sich realistisch wahr?

J: Wenn ein Exerzitant sich selbst nicht gut wahrnimmt oder der Begleiter ihn nicht gut wahrnimmt,

kann es zu Täuschungen kommen. Dann wird z. B. eine schwere Depression fälschlicherweise als »dunkle Nacht« eingestuft. Eine Krankheit würde dann als eine tiefe geistliche Phase gedeutet. Das habe ich selbst schon in Begleitungen erlebt. Hier müssen alle Beteiligten genau hinschauen, um die Geister zu unterscheiden.
AC: Wir sind jetzt ein gutes Stück miteinander gegangen. Es ist die Zeit gekommen, innezuhalten und den Wirkungen des Gesprächs nachzuspüren. Wie die Emmausjünger wollen wir uns fragen:

Wo gingen mir die Augen auf, wo brannte das Herz?

J: Mir brannte das Herz bei der Einsicht, dass das innere Leerwerden im geistlichen Prozess vergleichbar einem Entzug von Dingen ist, von denen ich abhängig bin.
AC: Mir gingen die Augen auf bei der Erkenntnis, dass es wesentlich ist, eine echte Leere von einer unechten Leere zu unterscheiden.

Übung: 15 Minuten Stille

Wo gingen mir beim Lesen die Augen auf, wo brannte mir das Herz?

Woran hänge ich? Ich schreibe drei Dinge oder Themen, an denen ich hänge, auf drei verschiedene Karten.

Dann stelle ich mir vor, mich Schritt für Schritt von jedem der drei Punkte (Karten) zu trennen, und spüre nach, wie es mir dabei geht.

Heilung und Heil

Einleitung

Wir unterscheiden in unserem Sprachgebrauch nicht deutlich zwischen Heilung und Heil. Und doch gibt es einen Unterschied: Wir können heil sein, auch ohne dass unsere Krankheit geheilt ist, wenn wir mit unserer inneren Mitte verbunden sind und von dort her unser Leben annehmen können. »Das Reich Gottes ist mitten unter euch« (Lk 17,21), sagt Jesus. Man kann diese Stelle auch übersetzen mit: »das Reich Gottes ist mitten in euch«. Man könnte diese Aussage so verstehen, dass es im Menschen einen inneren Raum gibt, wo er heil und unversehrt ist. Dieser Ort ist wie ein »Schatz im Acker« unseres Leibes oder wie eine »Perle« am Grund unserer Seele (Mt 13,44–46). Können wir das wirklich glauben? Können wir das wahrnehmen? Wir Menschen erleben uns oft als getrennt und entfremdet von unserer eigenen Mitte. Wir sind überfordert, einsam und suchen nach Heilung und Heil. Die Diagnose der Heiligen Schrift ist, dass der Mensch Heilung braucht. Neben Heilung finden sich auch andere Begriffe, wie z. B. Befreiung, Rettung, Erlösung. Die entscheidende Frage ist: Wie werden wir heil, wie kommen wir zum Himmelreich in uns? Der kontemplative Weg ist ein Weg des Heils und der Befreiung. Wir treten eine Reise nach innen an und kommen in Kontakt mit unseren Dunkelheiten, mit dem, was in unserem Leben nicht heil ist. Gleichzeitig entdecken wir auch Kostbares auf diesem Weg: den Schatz im Acker unserer Seele.

Gespräch

Joachim: Häufig kommen Menschen zu unseren Exerzitien nach Gries, die sich nach Heilung sehnen, die spüren, dass ihnen Wesentliches fehlt. Manche sind mit Krankheiten des Körpers oder der Seele konfrontiert. Du bist ja von Hause aus Ärztin. Machst du die Erfahrung, dass sich während der Exerzitien körperliche Probleme zeigen, die vielleicht andere, etwa psychische oder spirituelle Hintergründe haben?
Annette Clara: Ja, das erlebe ich oft.
J: Kannst du ein Beispiel nennen?
AC: Ich denke an eine Frau, die immer wieder Durchfälle hatte. Die Darmuntersuchungen ergaben keinen Befund. Es zeigte sich in der Begleitung eine tiefe Traurigkeit als Ursache der Durchfälle. Wir fanden die Formulierung »Der Darm weint«. Als sie ihre Trauer wahrnehmen, mitteilen und annehmen konnte, verschwanden die Durchfälle, und sie konnte die Ursache ihrer Trauer erkennen, die später im Rahmen einer Psychotherapie behandelt werden konnte. Unser Körper speichert oft wichtige Emotionen und drückt diese körperlich aus. Er ist so etwas wie ein Gedächtnis verschiedener Erfahrungen und will uns assistieren, gerade wenn wir die Gefühle als solche (noch) nicht wahrnehmen können.
J: Dann sind die Signale des Körpers – auch die unangenehmen – etwas Positives, weil sie uns aufmerksam machen auf etwas, das wahrgenommen, gehört und gewürdigt werden will.
AC: Genau. Mir kommt ein Mann mit Tinnitus in den Sinn. Er hatte schon viele Ärzte konsultiert, aber der Tinnitus blieb. Dann kam eine Chance, sich beruflich zu verändern. In den Sondierungsgesprächen

wurde der Tinnitus deutlich lauter. Der Mann erkannte, in dieser Richtung geht es für mich nicht weiter. Das Hinhören auf den Tinnitus hatte ihn alarmiert, und so konnte er ein Signalgeber für die nächsten Schritte sein.

J: Auch ich erlebe es so, dass die Wahrnehmung des Körpers oft einen ersten und sehr konkreten Zugang zu sich selbst ermöglicht. Wir haben gerade zwei Beispiele für Wechselwirkungen von Körper und Seele betrachtet. In der Medizin steht dafür das ganze Feld der Psychosomatik. Für den heiligen Paulus gibt es neben Körper und Seele auch den Geist als weiteren Bezugspunkt für Gesundheit und Krankheit des Menschen. Ist Geist für dich dasselbe wie Seele?

AC: Geist hat für mich mit Ordnung zu tun. Es hat mit Maßhalten zu tun. Ein wesentliches Maßhalten scheint mir die Balance zwischen Aktivität und Ruhe zu sein. Es ist wie Einatmen und Ausatmen, bei sich sein und nach außen gehen. Wir brauchen beides, um leben zu können. Zur Ordnung gehören die Fragen: Habe ich Werte in meinem Leben, wonach richte ich mich aus, welchen Sinn gebe ich meinem Leben? Was sind meine obersten Werte und, christlich gesprochen: Steht Gott für mich an erster Stelle? Den Geist verstehe ich als das Ordnungsprinzip meiner Seele. Wenn diese Ordnung stimmt, zeigen sich die Früchte des Geistes, wie Paulus sie im Galaterbrief beschreibt: »Die Frucht des Geistes aber ist Liebe, Freude, Friede, Langmut, Freundlichkeit, Güte, Treue, Sanftmut und Enthaltsamkeit« (Gal 5,22f.).

J: Genau diese Ordnung macht es dann auch möglich, dass unsere Lebenskraft fließen kann.

AC: Jesus heilt in den Evangelien Blinde, Taube, Lahme. Blinde sehen wieder, Lahme gehen, Taube hören.

Jesus hat also ganz konkret geheilt. Könnte das nicht auch zu einem Missverständnis führen der Art, dass wir Heilung nur dann erkennen können, wenn unsere konkreten Beschwerden beseitigt sind?

J: Ich würde hier unterscheiden zwischen einer Heilung, die meine Krankheit beseitigt, und einer Erfahrung von Heil, die einen anderen Umgang mit der Krankheit ermöglicht. Die Heilungsgeschichten nur ganz konkret medizinisch zu verstehen würde daher zu kurz greifen. Es kann Heilung geben, obwohl die Symptome bleiben, indem sich vielleicht eine neue Sicht auf meine Krankheit eröffnet. Ich denke an eine Frau, die aufgrund ihrer Erkrankung eine Wallfahrt nach Lourdes unternommen hat. Obwohl ihre Heilungsbitte nicht erfüllt wurde, kehrte sie im Glauben gestärkt zurück. Sie hatte einen neuen Umgang mit ihrer Krankheit geschenkt bekommen.

AC: Wie verstehst du aus dieser Perspektive die Heilung des blinden Bartimäus (Mk 10,46–52)?

J: Bartimäus sitzt am Straßenrand und bettelt. Da kommt Jesus vorbei und Bartimäus schreit nach ihm. Die Menge will ihn zum Schweigen bringen, aber Bartimäus lässt sich nicht abschrecken, sondern ruft noch lauter, weil er Hilfe braucht und Jesus vertraut: »Sohn Davids, hab Erbarmen mit mir.« Er lässt sich seine Sehnsucht nach Heilung nicht nehmen. Er lernt auf das zu schauen, was ihm wichtig ist, und tritt dafür ein. Das bringt ihn in Kontakt mit Jesus. Er wirft seinen Mantel ab und geht auf ihn zu. Der Mantel könnte für das stehen, was bei Bartimäus bisher zugedeckt oder bedeckt war. Er geht aus sich heraus und zeigt sich. Er drückt aus, was er für sich will und wünscht.

AC: Das lernen wir in Exerzitien. Wir legen den Mantel des Zudeckens oder Verdrängens ab, schauen,

was sich in unserem Innern zeigt, und wenden uns damit Jesus zu. Wir vertrauen auf das biblische Wort: »Die Wahrheit wird euch befreien« (Joh 8,32). Im Mitteilen können wir von blinden Flecken geheilt werden und eine neue Sicht auf unser Leben finden. Damit sind wichtige Kriterien für den Heilungsprozess im Rahmen von kontemplativen Exerzitien benannt. Gerade die Begleitgespräche sind hierfür wesentlich.
J: Für Ignatius ist sehr wichtig, dass der Exerzitant spürt und einbringt, »was er will und wünscht« (EB 48). Genau das ist in der Geschichte von Bartimäus eindrücklich illustriert. Jesus ermutigt ihn mit der Frage: »Was willst du, dass ich dir tue?«
AC: So einfach ist es nicht. Mir fällt ein krebskranker Mann ein. Er hatte bereits viele Metastasen und wünschte sich natürlich von Gott die Heilung. Er fragte: »Kann ich denn der Liebe Gottes vertrauen? Wird er mich heilen, wenn ich viel bete?«
J: Dass wir etwas wollen und wünschen, heißt nicht, dass es von Gott in unserem Sinn auch erfüllt wird. Dietrich Bonhoeffer hat dafür die Formulierung gefunden: »Gott erfüllt nicht alle unsere Wünsche, aber alle seine Verheißungen.« Heilung ist aus christlicher Perspektive eine Gabe Gottes und unverfügbar. Wir stoßen hier auf die alte Hiobsfrage: Gibt es einen Sinn von Leiden und Krankheit?
AC: In der konkreten Begleitung des krebskranken Mannes wurde ich mit meiner eigenen Ohnmacht konfrontiert angesichts seines Schicksals und seiner Fragen. Dass ich dabeigeblieben bin, nichts beschwichtigt oder beschönigt habe, hat er dennoch als tröstlich und heilsam erlebt.
J: Was macht uns krank?

AC: Ich denke hier vor allem an die Reduzierung des Menschen auf Leistung und Produktivität, verbunden mit einem hohen Druck und Tempo. Hinzu kommt, dass wir an vielen Orten überflutet werden mit Bildern und Informationen. Es fehlen Ruheräume, wo wir einfach und zweckfrei da sein dürfen, wo niemand etwas von uns erwartet, wo wir Zeit haben, zu uns zu finden, uns zu spüren. Viele Menschen, die zu uns kommen, sehnen sich nach Ruhe und danach, nicht immer nur funktionieren zu müssen. Sie möchten nicht nur als Leistungsfaktor, sondern als Person wahrgenommen werden. Und doch streben wir in den Exerzitien im Unterschied zur Medizin nicht als erstes und letztes Ziel eine Heilung an. Wir suchen die Begegnung mit dem heilenden Gott, nicht die Heilung. Wenn sie eintritt, ist sie eine erfreuliche Nebenwirkung.
J: Ich habe den Eindruck, dass vielen Menschen diese Auszeit nur vergönnt ist, wenn sie krank sind. Ignatius lag nach einer schweren Kriegsverwundung monatelang im Bett. Seine Karriere als Offizier war mit einem Schlag beendet, er musste seine Vorstellungen und seinen Plan vom Leben ganz neu bedenken. Die Krankheit gab ihm die Zeit dazu und brachte ihn erstmals in Kontakt mit tieferen Schichten seiner Person. Das führte zu einer Wende und Neuausrichtung seines Lebens. Hier sieht man: Krankheiten können auch Chancen sein. Gibt es aus deiner Sicht typische Erkrankungen der heutigen Zeit?
AC: Ja. Ich denke an die Zunahme von Herz-Kreislauf-Erkrankungen wie Herzinfarkt, Bluthochdruck, Schlaganfall, die auch widerspiegeln, dass wir oft unter Hochdruck stehen und ein natürlicher Lebenskreislauf in Unordnung geraten ist. Ein anderes Feld ist die Zu-

nahme psychischer Erkrankungen wie Burnout, Schlafstörungen, Depressionen.

J: Ignatius sieht das Ziel der Exerzitien in der Ausrichtung auf Gott, der Neuordnung des Lebens und dem Heil der Seele (EB1). Auf die Unterscheidung von Heilung und Heil sind wir schon gelegentlich zu sprechen gekommen. Gibt es für dich einen weiteren Unterschied zwischen Heilung und Heil?

AC: Ja. Heilung ist für mich zunächst einmal etwas, was in den Bereich der Medizin gehört. Wenn jemand Gallensteine hat und diese entfernt werden, dann ist er von diesem Leiden geheilt. Das Heil hingegen berührt noch eine spirituelle Dimension meines Lebens und könnte auch übersetzt werden mit »im Frieden sein«, »im Einklang sein mit mir und meinem Leben« – mit oder ohne Krankheit. Das biblische Wort »shalom« – »Friede, Heil« – drückt das umfassend aus.

J: Die Heilungsgeschichten im Neuen Testament sind Geschichten, in denen Heilung und Heil zusammen geschehen.

AC: Ja. Das birgt auch eine Gefahr: Wenn wir die Heilungsgeschichten nur so lesen und verstehen, dass konkret Heilung geschieht, dann werden wir oft enttäuscht sein, wenn sich unser Wunsch nach Heilung von einer Krankheit nicht konkret erfüllt. Ich kann Heilung oder Heil erfahren, wenn ich lerne, meine Krankheit anzunehmen. Wenn sich in mir ein Raum der Freiheit eröffnet, gesund oder krank zu sein, ein Raum, den Ignatius eröffnet, wenn er im sogenannten »Prinzip und Fundament« der Exerzitien von der Freiheit gegenüber Armut und Reichtum und auch gegenüber Krankheit und Gesundheit spricht (EB 23).

J: Ist es das, was du auch unter ganzheitlicher Heilung oder Heilwerden verstehst?

AC: Ja, das hängt damit zusammen. Ich fokussiere dann nicht auf ein konkretes Problem oder ein Symptom, von dem mein ganzes Lebensglück abhängt, sondern ich entdecke einen inneren Raum, wo ich in Übereinstimmung mit mir und meinem Leben bin. Der Weg dorthin ist wie eine Reise nach innen. Die Exerzitien sind ein erprobter Weg, dort anzukommen. Der flämische Mystiker Jan Ruysbroeck sagt: »Wir gehen Gott von außen nach innen entgegen, und Gott geht uns von innen nach außen entgegen.«
J: Auch die Medizin und verschiedene psychotherapeutische Schulen haben die spirituelle Dimension als Heilungsfaktor entdeckt. »Spiritual care« ist der Ausdruck für diesen neuen Zweig innerhalb der medizinischen Forschung und Therapie. Ein Psychoanalytiker erzählte, dass die spirituelle Anamnese, in der nach religiösen Quellen und Erfahrungen des Patienten gefragt wird, fester Bestandteil am Anfang einer Therapie ist, weil er die Erfahrung gemacht hat, dass diese Dimension die Krankheit lindern und Heilungschancen verbessern kann.
AC: Gerade in den Exerzitien steht die spirituelle Dimension des Menschen an erster Stelle. Nicht umsonst empfehlen Ärzte inzwischen auch, geführte Auszeiten im Rahmen von Exerzitien zu machen. Es gibt dennoch einen Unterschied zum Ansatz des »spiritual care«. Wir nutzen diese Dimension nicht, um bestimmte Ergebnisse zu erzielen oder Beschwerden zu lindern. Wir üben in der Hinwendung zu Gott die Haltung der Absichtslosigkeit mit Blick auf bestimmte Ergebnisse. Absichtslosigkeit bedeutet nicht, keine Absichten zu haben, sondern eine Haltung der inneren Freiheit einzuüben, auch der Erfüllung meiner Absichten gegenüber. Ignatius spricht in diesem Zusammen-

hang auch von Indifferenz, bei ihm gleichbedeutend mit der »Freiheit des Geistes«.

J: Wir sind jetzt ein gutes Stück miteinander gegangen. Es ist die Zeit gekommen, innezuhalten und den Wirkungen des Gesprächs nachzuspüren. Wie die Emmausjünger wollen wir uns fragen:

Wo gingen mir die Augen auf, wo brannte das Herz?

AC: Mir gingen die Augen auf bei der Erkenntnis, dass die Heilungsgeschichten in der Heiligen Schrift weit mehr meinen als eine reine Symptombehandlung. Für mich zeigen sie, wie wesentlich innere Haltungsänderungen unser Heilwerden fördern.

J: Mir brannte das Herz bei der Einsicht, dass der Geist in einem ganzheitlichen Heilungsprozess das Ordnungsprinzip ist, das der Lebenskraft den Weg bahnen will. Geistliche Übungen schaffen einen Raum, in dem dieser Geist wirken kann.

Übung: 15 Minuten Stille

Wo brannte mir beim Lesen das Herz, wo gingen mir die Augen auf?

Was sind heilsame Ordnungen in meinem Leben?

Wo braucht es eine Neuordnung in meinem Leben?

6. Leid und Trost

Einleitung

Den Christen wird immer wieder vorgeworfen, sie seien einseitig am Leid orientiert und Freude oder Lebendigkeit hätten daher wenig oder keinen Raum. Ein Gott der Liebe könne doch den Menschen nicht primär verordnen, möglichst viel zu leiden. Eine *Frohe* Botschaft sei die Aufforderung zum Kreuztragen keineswegs. Die Erfahrung aus der geistlichen Begleitung von Menschen im Rahmen von kontemplativen Exerzitien zeigt jedoch, dass gerade das Durchleiden von Schmerz, Bitterkeit oder Dingen, mit denen wir nicht versöhnt sind, ein Weg ist, der uns befreit, heilt, tröstet und zu neuem Leben führt. Leid und Schmerz gehören zu jedem menschlichen Leben. Diesen Teil der Realität wegzudrängen oder darin zu versinken macht uns unfrei. Wir bleiben gebunden an den Schmerz. Der kontemplative Weg will uns einen Umgang mit Leid und Schmerz lehren, der zur Freiheit und zur Freude führt.

Gespräch

Joachim: »Wenn einer hinter mir hergehen will, verleugne er sich selbst, nehme täglich sein Kreuz auf sich und folge mir nach« (Lk 9,23). Heißt Christsein leiden und sich selbst geringschätzen?

Annette Clara: Keineswegs. Leiden im äußeren Leben, das wir vermeiden können, sollten wir vermeiden oder lindern und heilen helfen. Das bedeutet, nicht alles anzunehmen, was an Schwierigem auf mich zukommt, sondern wahrnehmend zu prüfen, ob dagegen anzugehen ist oder ob es hinzunehmen ist: Gehe ich in eine schwierige Situation oder Konflikt hinein oder nicht? Das hat Jesus auch getan. Manchmal ist er Konflikten auch ausgewichen, wie bei seinem Besuch in Nazaret (Lk 4,30). Es geht also nicht darum, das Leid zu suchen, sondern das, was vom Leben an Leidvollem auferlegt ist, mit Blick auf Jesus anzunehmen und zu tragen. Jesus spricht in der Nachfolgeregel unseren Umgang mit Leid an, das schon im Leben eines Menschen da ist. Und er bietet an, inmitten von Leid mit ihm in Beziehung zu treten, auf ihn zu schauen und sich von ihm anschauen zu lassen.

J: Und das »verleugne er sich selbst«?

AC: Wir Menschen wollen nicht leiden. Diese Aussage will unsere Bereitschaft stärken, sich dieser schmerzlichen Dimension des Lebens zu stellen und nicht dem ersten Reflex zu folgen, der heißt: Leiden und Schmerz zu vermeiden, wann immer es geht.

J: Mir fällt das »agere contra« – das »entgegengesetzt handeln« – von Ignatius ein. Damit meint Ignatius die Freiheit, auch gegenteilig zu unseren ersten Neigungen und Impulsen zu handeln. Wer das »agere contra« einübt, spürt, wie sich hier ein Raum für neue Erfahrungen und Wachstum öffnen kann. Es ist ein wichtiges Prinzip, aus alten Mustern und Gewohnheiten herauszukommen und Neues zu wagen. Wenn wir z. B. darauf fixiert sind, stets angenehme Empfindungen zu haben, dann sind wir innerlich unfrei.

AC: Ich glaube, dass die »Wellness-Bewegung« überwiegend darauf abzielt, Schmerzen zu vermeiden. Genau das macht uns aber abhängig von guten Gefühlen oder von Personen, die uns versprechen, dass unser Leben schmerzfrei sein kann. Leben und Schmerz gehören aber zusammen. Das zeigen die Erfahrungen aus der Begleitung von Menschen, die kontemplative Exerzitien machen. Deshalb haben manche Leute Angst vor Exerzitien und sagen: »Ich gehe nicht in Exerzitien, weil ich mich überfordert fühle und nicht weiß, was da alles an Schmerzlichem hochkommen wird.« Was würdest du ihnen sagen?

J: Ich würde ihnen sagen, dass es im Verlauf von Exerzitien durchaus Phasen geben kann, wo es den Menschen gefühlt schlechter geht. Aber die Perspektive von Exerzitien geht in Richtung Heilung. Auch ein Arzt muss manchmal schmerzliche Eingriffe vornehmen, um einen Menschen zu heilen. Und das ist die große Chance solcher Prozesse. In der Stille, im Gebet, in Gemeinschaft und persönlicher Begleitung kann eine Atmosphäre entstehen, die mich vertrauen lässt, dass auch Schmerzliches sich zeigen darf. Innerlich auf Eis Gelegtes kann in dieser Atmosphäre gewärmt werden und tauen. Ich würde ihnen sagen, dass Exerzitien einen Weg zeigen, Trost im Leiden zu finden, weil wir uns Gott zuwenden, der uns erfahren lässt: Ich bin für dich da.

AC: Genau das habe ich einmal sehr eindrücklich erlebt in einer Mobbing-Situation, in der ich keinen Ausweg gesehen hatte. In meiner Not wandte ich mich an einen Priester, der mir den Satz zusprach: »Ihre Würde kommt von Gott.« Nur *ein* Satz, aber der gab mir Halt, innere Ausrichtung und Kraft, durch diese bedrängte Situation hindurchzugehen. Die Versuchung, ins Handeln zu gehen, zu kämpfen und zu argumentieren, war groß. Zumal ich auch weiß, dass das Kämpfen und Handeln manchmal notwendig sein können. Hier galt es, innerlich zu prüfen und wahrzunehmen, was jetzt für mich dran ist. Ich hatte das klare Gefühl, dass ich jetzt nicht in das Handeln, sondern in das Vertrauen gehen sollte. Also wahrzunehmen, was ist, und Gott die Führung zu überlassen. Und das hat ER getan. Nach einigen Monaten öffnete sich eine Türe zu einer neuen beruflichen Aufgabe, die mich erfüllte und in der ich meine Gabe besser entfalten konnte.

J: Mir scheint, dass außer dem Satz, der dir Richtung gab, es auch wichtig war, dass du dich einer anderen Person mitteilen konntest.

AC: Ja, das war sehr wichtig für mich.

J: Im Mitteilen geschieht oft Wesentliches. Hier wird etwas in die Beziehung gebracht zu einem Gegenüber. Darin liegt auch der Wert der geistlichen Begleitung in Exerzitien: Da ist jemand, der mir zuhört, der mich sieht und annimmt. Ich bin mit meinem Schmerz nicht alleine. In dieser Beziehung kann sich etwas abbilden, was das lateinische Wort für Trost »consolatio« treffend ausdrückt: »Mit jemandem sein, der solo, der allein ist.« Trost ist eine Erfahrung von Mit-Sein.

AC: Wie wichtig die Beziehung zu einem Gegenüber im Schmerz ist, zeigt die Leidensankündigung Jesu in Mt 16,13–23. Jesus fragt Petrus: Wer bin ich für dich? Siehst du mich? Petrus antwortet: »Du bist der Christus, der Sohn des lebendigen Gottes.« Jesus fühlt sich wahrgenommen und öffnet sich, indem er andeutet, dass er werde leiden müssen. Das lehnt Petrus vehement ab: »Das darf nicht mit dir geschehen!« – Das Leid soll oder muss umgangen werden um jeden Preis. Ich kann mir vorstellen, dass das Jesus sehr geschmerzt hat, denn die krasse Zurechtweisung, die dann erfolgt – »Tritt hinter mich, du Satan!« –, zeigt, dass aus einer vertrauensvollen Nähe plötzlich großer Abstand geworden ist. Jesus ist mit seinem Schmerz allein und unverstanden und kann sich nicht offen mitteilen. So geht es auch uns, wenn wir Schmerzliches nicht zeigen dürfen – dann können auch wir keinen Trost erfahren und nicht wachsen.

J: Gerade die kontemplativen Exerzitien helfen uns und geben uns Raum, mit unseren Schmerzen in Kontakt zu kommen. Wir gehen in die Stille, richten uns aus auf die Gegenwart Gottes und lassen alles da sein, was sich in uns zeigen will. Wahrnehmen heißt ja, das als meine Wahrheit zu nehmen, was jetzt da ist. Ein ehrlicher Blick ist wichtig, indem wir hinschauen, ob sich Dinge zeigen, mit denen wir noch nicht versöhnt sind oder die uns verletzt haben. Wenn wir unseren Schmerz wegdrücken oder Wege suchen, ihn zu umgehen, kostet das Kraft und verursacht neues Leid.

AC: Mir fällt ein Mann ein, der im Erstgespräch im Rahmen von kontemplativen Exerzitien sagte: Ich bin mit mir im Reinen. Meine Gefühle kenne ich, meine Geschichte habe ich aufgearbeitet. Er saß regungslos da, Mimik war kaum wahrzunehmen. Im Laufe der Exerzitien kam Leben in ihn und er kam in Kontakt mit heftiger Wut und Bitterkeit. Er hatte einen Raum gebraucht, wo diese Gefühle da sein durften, ohne bewertet oder analysiert zu werden. Das schenkte ihm Stück um Stück innere Befreiung, Kraft und wachsende Freude.

J: Dein Beispiel zeigt, dass der kontemplative Weg in einen feinfühligeren Kontakt mit sich selbst bringen kann. Wenn wir spüren, dass Unangenehmes in uns herannaht, können wir unsere Bereitschaft erneuern, alles da sein zu lassen. Weder beschäftigen wir uns mit unseren Gefühlen, weder wollen wir sie analysieren noch aktiv verändern, noch drehen wir uns in unsere Gefühlsstrudel hinein. Wir nehmen die Gefühle einfach wahr, empfinden sie und wenden uns mit ihnen der heilsamen Gegenwart zu. Unsere Gefühle sind wie Kinder, die wie in der tröstenden Gegenwart der Mutter oder eines geliebten Menschen willkommen geheißen, aufgenommen und liebevoll umfangen werden.

AC: Hast du dafür auch ein persönliches Beispiel aus deinem Leben?

J: Ja. Als ich fünf Jahre alt war, ging ich mit meiner Mutter und meiner Tante auf ein Volksfest. Dabei verlor ich sie in der Menschenmenge eines überfüllten Festzeltes. Ich sah nur noch die Beine fremder Menschen und geriet in Panik. Es war eine Situation, die mich emotional überforderte. Wie erstarrt stand ich dann da. Einer der Erwachsenen hatte das bemerkt und brachte mich auf die Bühne des Festzeltes. Er bat den Dirigenten der Musikkapelle, eine Ansage zu machen: »Hier ist ein kleiner Junge, der seine Mutter verloren hat.« Als meine Mutter auf die Bühne kam und mich in die Arme nahm, löste sich meine Erstarrung. Ich konnte weinen und meine zuvor festgehaltenen Gefühle konnten herauskommen und sich in den Armen der Mutter beruhigen.

AC: Nicht der Schmerz an sich scheint das Schlimmste zu sein, sondern wenn wir mit unserem Schmerz alleine gelassen werden oder nicht wissen, wohin wir uns mit unserem Schmerz wenden können.

J: Der kontemplative Weg zeigt, dass und wie wir uns mit unserem Schmerz der tröstenden Gegenwart Gottes zuwenden können. Das ist doch *Frohe* Botschaft.

AC: Genau. Auch der Schmerz selbst hat viele positive Aspekte. Er zeigt uns die Bruchstellen, wo Entwicklung nicht weitergehen konnte. Wir werden aufmerksam, dass da etwas ist, was Fürsorge braucht. So gesehen öffnet der Schmerz uns für Beziehung und Wachstum an unseren wunden Punkten. Es ist eine

Verheißung von Ostern mitten im Leben, wenn Jesus uns auffordert, unser Kreuz auf uns zu nehmen und dabei auf IHN zu schauen. Dann kann uns neues Leben geschenkt werden. Ignatius spricht in diesem Zusammenhang in seinem Exerzitienbuch in der vierten Woche, wenn es um die Auferstehung geht, vom Trösteramt Jesu: »Das Trösteramt betrachten, das Christus unser Herr ausübt, und damit vergleichen die Art, wie Freunde einander zu trösten pflegen« (EB 224).

J: Wir sind jetzt ein gutes Stück miteinander gegangen. Es ist die Zeit gekommen, innezuhalten und den Wirkungen des Gesprächs nachzuspüren. Wie die Emmausjünger wollen wir uns fragen:

Wo gingen mir die Augen auf, wo brannte das Herz?

AC: Ich habe den Aufruf zur Kreuzesnachfolge in neuem Licht gesehen: als eine *Frohe* Botschaft und österliche Verheißung: Schmerz oder Leid, das in der Beziehung und mit Blick auf Jesus Christus durchlitten wird, führt zu neuem Leben.

J: Mir brannte das Herz bei der Einsicht, dass christliches Leiden getröstetes Leiden ist. Wir können uns dem Auferstandenen, der immer und überall da ist, zuwenden.

Übung: 15 Minuten Stille

Ich rufe mir eine Situation ins Gedächtnis, wo ich mich mit und in meinem Schmerz alleine gefühlt habe. Ich frage mich: Was hat mir damals gefehlt?

Ich rufe mir eine Situation ins Gedächtnis, wo ich in meinem Schmerz getröstet wurde. Was hat dazu geführt, dass ich im Schmerz Trost erfahren konnte?

Ich frage mich: Hat Schmerz in meinem Beten einen Raum?

Vergebung und Versöhnung

Einleitung

In vielen Talkshows wird heute öffentlich gebeichtet. Es scheint ein großes Bedürfnis zu geben, sich Dinge von der Seele zu reden. Das Mitteilen allein genügt nicht, um von alten Belastungen befreit zu werden. Von unserer christlichen Tradition her kennen wir einen Weg, der zu dieser heilsamen Erfahrung führen will und kann. Vergebung ist ein Herzensanliegen Jesu und steht im Zentrum unseres christlichen Glaubens, denn Gott will unser Leben. Wenn wir nicht vergeben können, stirbt Leben in uns. Wenn wir beispielsweise mit einem Menschen keinen Kontakt mehr haben wollen, weil er uns verletzt hat und wir ihm nicht vergeben können, fällt schon mal der Satz: »Der ist für mich gestorben.« Wenn wir hingegen vergeben oder Vergebung erfahren, kann das Leben wieder fließen und werden Beziehungen wieder lebendig. Es gibt einen Unterschied zwischen Vergebung und Versöhnung. Vergebung markiert den Beginn eines Heilungsprozesses und volle Versöhnung den Abschluss dieses Prozesses.

Gespräch

Annette Clara: Wir wollen über das Thema Vergebung und Versöhnung sprechen, und ich möchte beginnen mit dem Ende von Jesu Leben. Wie jemand stirbt, sagt viel über sein Leben aus. Gerade die letzten Worte eines Sterbenden haben für uns eine besondere

Bedeutung. Zu den letzten Worten Jesu gehört: »Vater, vergib ihnen, denn sie wissen nicht, was sie tun!« (Lk 23,34). Wie verstehst du diesen Satz?

Joachim: Jesus erhebt mit diesen Worten einen klaren Befund. Der Mensch ist von unbewussten Kräften gesteuert. Er sieht das Böse nicht, das er tut. Er ist fremdbestimmt und hat das Mitgefühl für andere verloren. Jesus sieht den Menschen in seiner Not und Unfreiheit und hat Mitleid.

AC: Da kann ich noch nicht ganz mitgehen. Denn was ist mit den Menschen, die Unrecht tun in voller Absicht? Die anderen gezielt Schaden zufügen durch z. B. Verleumdung, Verrat und die vielen Formen von Gewalt? Sind diese bewusst begangenen bösen Taten von der Vergebungsbitte Jesu ausgeschlossen?

J: Keineswegs. Die Vergebungsbitte schließt sowohl die unbewusst als auch die bewusst begangenen Ungerechtigkeiten mit ein. Mit der Aufforderung »Liebt eure Feinde« (Mt 5,44) fordert Jesus uns radikal heraus, auch die zu lieben, die uns mit voller Absicht schaden wollen. Es geht Jesus hier sicher nicht um eine brave »Friede-Freude-Eierkuchen«-Mentalität. Liebe und Vergebung sind für Jesus immer mit Wahrheit und Gerechtigkeit verknüpft. Dass Jesus die Bitte an den Vater richtet, macht deutlich, dass die Kraft zur Vergebung aus der Ausrichtung auf Gott kommt. Jesus ist einer, der kämpft – aber mit versöhntem Herzen.

AC: Das heißt auch, dass ich das Unrecht, das mir widerfährt oder das ich anderen antue, nicht schönrede, sondern wahrnehme und auch erleide. Ich kann mich nur versöhnen mit dem, was ich wahrgenommen und liebend durchlitten habe. Dann wird das Herz weich. Alles, was wir hingegen nicht vergeben können, hinterlässt in uns Groll, Bitterkeit, Härte. Die Diagnose

Gottes, die er durch den Propheten Ezechiel ausspricht, lautet, dass die Menschheit ein »Herz von Stein« (Ez 36,26) hat.

J: Ja, das Herz erweichen zu lassen ist eine wichtige Haltung, die zunächst den Umgang mit Verletzung nach innen kennzeichnet und dann auch Wirkungen nach außen hat. In unserem Verhalten nach außen kann es manchmal aber wichtig sein, sich abzugrenzen, einen Stopp zu setzen oder zu konfrontieren. Wenn dies nicht aus innerer Härte heraus geschieht, können Konflikte besser gelöst werden.

AC: Vergebung ist für Jesus mehr als eine einzelne Handlung. Ich denke hier an Petrus, der Jesus fragt: »Wie oft muss ich meinem Bruder vergeben?« (Mt 18,21). Er hat schon viel verstanden und weiß, Vergebung ist ein Herzensanliegen des Meisters. Er bietet Jesus an: »… bis zu siebenmal?« Jesus erwidert: »Ich sage dir nicht: bis zu siebenmal, sondern bis zu siebzigmal siebenmal« (Mt 18,22), was so viel heißt wie unendlich viele Male oder stets neu. Vergebung ist aus Jesu Perspektive eine Lebenshaltung.

J: Nicht nur das. Jesus ermutigt uns, immer wieder erste Schritte zur Versöhnung zu machen. Also nicht erst zu warten, bis andere auf mich zukommen. Im Vater-unser beten wir: »Vergib uns unsere Schuld, wie auch wir vergeben unseren Schuldigern.« Der Text in Mt 6,12 lautet: »Und erlass uns unsere Schulden, wie auch wir sie unseren Schuldnern erlassen haben.« Wenn wir nicht den ersten Schritt zur Versöhnung machen, bleiben wir abhängig vom Verhalten anderer und sind nicht frei. Ich selbst habe es in der Hand, meinen Beitrag zur Vergebung zu leisten. Auch wenn der andere sich nicht mit mir versöhnen will, kann ich dennoch für mich Versöhnung finden. Mir fällt Nelson

Mandela ein, der auf die Frage, warum er seinen Feinden, die ihn ins Gefängnis gebracht hatten, vergeben habe, antwortete: »Damit sie keine Macht mehr über mich haben.«

AC: Für mich ist das »Vergib uns« im Vaterunser bedeutsam. Wir alle sind Menschen mit Schwächen und Fehlern. Wir verletzen und werden verletzt. Die ganze Menschheit sitzt beim Thema Vergebung in einem Boot. Wir brauchen Vergebung und wir sind aufgerufen, auch selbst zu vergeben.

J: Wenn wir nicht vergeben können, bleiben wir gebunden an eine schwierige Situation. Wir sind gefangen in unseren Gefühlen. Das hat auch der Jude Eli Wiesel treffend ausgedrückt. Hätte er den KZ-Wärtern nicht vergeben, wäre er auch heute noch – obwohl längst befreit – Gefangener dieses Unrechtssystems. Menschen wie Mandela oder Wiesel sind sicher einen langen Weg der Versöhnung gegangen. Wir erfahren aber nicht, wie sie dahin gelangt sind. Es stellt sich die Frage: Wie geht Versöhnung?

AC: Versöhnung ist ein Prozess. Der erste Schritt beginnt damit, dass ich wahrnehme: In mir ist etwas unversöhnt, hier tut mir etwas weh. Das bedeutet, zu erkennen, dass es Dinge in meinem Leben gibt, mit denen ich nicht im Frieden bin. Sich das einzugestehen kann schon viel inneren Druck nehmen. Der zweite Schritt ist die Absicht zu vergeben. Ich kann innerlich sagen: »Ich möchte diesem Menschen vergeben.« Dann ist es wichtig zu sehen, dass sich damit die Gefühle von Enttäuschung, Ärger, Wut und Groll noch nicht geändert haben. Wir brauchen diese Gefühle auch nicht zu verändern oder zu bewerten. Sie dürfen so sein, wie sie sind. Wir lassen es schmerzen und durchleiden sie in der Ausrichtung auf Gott, der uns heilen und aussöhnen möchte. Die Kraft zur Vergebung kommt von Gott. Von unserer Seite her genügt es, entschieden und ehrlich die Absicht zur Vergebung zu haben.

J: Dieses emotionale Durchleiden in der heilenden Gegenwart Gottes ist der dritte Schritt für die Versöhnung. Wird er übersprungen, kann die befreiende Kraft der Versöhnung nicht erfahren werden. Nicht zu vergeben stellt eines der größten Hindernisse auf dem geistlichen Weg dar. Wer nicht vergeben hat, legt sich schwere Sandsäcke auf die Seele. Die Vergebung selbst ist ein Abgeben und Entleeren der Sandsäcke. Wir gewinnen dadurch Leichtigkeit und Freiheit auf dem geistlichen Weg, vergleichbar dem Aufstieg eines Ballons bei einer Ballonfahrt.

AC: Gerade das kontemplative Gebet ist ein Weg, der uns hier helfen kann. Er bringt uns in Kontakt mit unseren unversöhnten Gefühlen, mit tiefem Schmerz, mit Groll, Wut, Ohnmacht, Feindseligkeit. Das kontemplative Gebet gleicht einer Röntgenaufnahme. Wir richten uns aus auf die Gegenwart Gottes und lassen SEIN Licht auf unser Leben fallen. So werden innere Konturen wahrnehmbar: Verdichtungen, Blockaden. Vielleicht könnte man die sogenannte »erste Woche« der Exerzitien bei Ignatius als eine solche Röntgenaufnahme sehen. Es geht um die Betrachtung unserer menschlichen Schwächen und Fehler im vergebenden Licht Gottes. Am Ende der »ersten Woche« steht die Beichte als Ritual der Vergebung. Sie öffnet das Tor für den weiteren Prozess in Richtung Versöhnung.

J: Die wesentlichen Themen, die sich in der Begleitung von Menschen bei Exerzitien zeigen, sind zum Beispiel: tiefe Verletzungen aus der Kindheit, Konflikte mit den Eltern oder Geschwistern, schmerzhafte Erfahrungen in der Schule, Konflikte am Arbeitsplatz, in der Ehe, mit der Kirche, Nachwirkungen des Krieges durch Flucht und Vertreibung. Je näher Menschen mir stehen, z. B. die Eltern, desto tiefer sind oft die Verletzungen. Der Weg der Versöhnung braucht hier oft viel Zeit.

AC: Daher ist es wichtig, sich und anderen keinen Druck zu machen. Ich denke an eine Frau aus der geistlichen Begleitung im Rahmen von kontemplativen Exerzitien. Nach der Scheidung von ihrem Ehemann brachen die Kinder den Kontakt zur Mutter ab. Die Funkstille dauerte schon viele Jahre. Mutter und Kinder wechselten in dieser Zeit kein Wort miteinander. Die Briefe der Frau blieben unbeantwortet. Sie litt sehr unter diesem Bruch und merkte, dass ihr eigenes Bemühen keinen Erfolg hatte. Mit ihrer Ohnmacht konfrontiert, vollzog sie einen Richtungswandel nach innen. Sie übte das kontemplative Gebet ein und stellte sich ihrem ganzen Schmerz und ihrer Wut. Nach einigen Exerzitien wurde ihr Herz allmählich weicher, sie konnte den Kindern innerlich vergeben und die Situation so nehmen, wie sie war. Sie war frei geworden mit Blick auf das Verhalten der Kinder.

J: Wer vergeben kann, findet Frieden in seinem Leben. Das habe ich eindrücklich erlebt, als ich ein Praktikum in einem Pflegeheim machte. In einem Zimmer waren zwei Frauen untergebracht. Eine der beiden war sehr verbittert und reagierte oft gereizt und aggressiv. Das Pflegepersonal hatte ungern mit ihr zu tun. Die andere hingegen war eine alte Frau, die Güte ausstrahlte und mit sich im Frieden war. Beide hatten ein ähnliches Schicksal, weil sie den Krieg und den Verlust vieler Menschen erlebt hatten. Es hat enorme Auswirkungen, ob ich mit meinem Leben im Reinen bin und einen Weg der Versöhnung gegangen bin oder nicht.

AC: Was für den Einzelnen gilt, gilt auch für jede Gemeinschaft. Die ganze Welt leidet an Dingen und Geschichten, die nicht versöhnt sind. Die Kriege der Menschheitsgeschichte verweisen auf dieses zentrale Problem. Es wird Vergeltung geübt. Wie ein Staudamm hemmt das, was nicht vergeben und versöhnt ist, den natürlichen Fluss der Liebe. Wenn es einmal Menschen gelingt, die Schleusen dieses Staudamms zu öffnen, kann wirklich Großes geschehen. Ich denke an Gandhi, für den die Bergpredigt wegweisend war und der als Einzelner Indien in die Freiheit geführt hat. Oder Martin Luther King, der dem Hass des Rassismus seinen Traum von Liebe und Freiheit entgegengesetzt hat. Das sind Leuchttürme, weil durch sie die enorme Kraft, die aus der Vergebung kommt, besonders sichtbar wird.

J: An diesen Beispielen zeigt sich auch, dass es keine Alternative gibt, aus der Spirale von Hass und Gewalt auszusteigen als die Vergebung. Auch Opfer werden bald zu Tätern, wenn sie nicht einen Zugang zur vergebenden Kraft gefunden haben. Dem Versöhnungsprozess auf Seiten der Opfer muss der Reueprozess auf Seiten der Täter entsprechen. Beiden Prozessen gemeinsam ist ein Erkennen und Durchleiden des Unrechts.

AC: Ich möchte nochmals etwas zur Kraft sagen, die aus der Vergebung kommt. Die normalen Mengenverhältnisse werden in der göttlichen Mathematik der Vergebung – nicht sieben Mal, sondern siebzigmal sieben Mal sollen wir vergeben – außer Kraft gesetzt. Ein Einzelner kann durch ein vergebendes Herz die Welt verändern, wofür das liebende und verzeihende Erleiden Jesu am Kreuz das mächtigste Zeichen ist. Sein-

Vergeben öffnet den Himmel und die Kraft Gottes kommt zur Erscheinung in der Auferstehung Jesu von den Toten. Seine Vergebung am Kreuz hat die ganze Menschheit befreit. Vergebung ist ein österliches Geschehen, denn sie schenkt neues Leben.
J: Wir sind jetzt ein gutes Stück miteinander gegangen. Es ist die Zeit gekommen, innezuhalten und den Wirkungen des Gesprächs nachzuspüren. Wie die Emmausjünger wollen wir uns fragen:

Wo gingen mir die Augen auf, wo brannte das Herz?

AC: Mir brannte das Herz, als ich erkannte, welche Kraft aus der Vergebung kommt, eine wandelnde Kraft, die Frieden bringt und unser Leben erneuert.
J: Mir gingen die Augen auf bei der Einsicht, dass es für uns Menschen keine Alternative zur Vergebung gibt und dass wir immer frei sind, den ersten Schritt zu tun.

Übung: 15 Minuten Stille

Wo brannte mir beim Lesen das Herz, wo gingen mir die Augen auf?

Gibt es eine Beziehung, in der ich den ersten Schritt zur Versöhnung tun könnte?

Gibt es ein Beispiel in meinem Leben, wo ich Vergebung erfahren habe?

Welche Wirkungen hat das für mein Leben gehabt?

Berufung und Sendung

Einleitung

Der kontemplative Weg führt uns in unsere Berufung und Sendung. Die wichtigste Grundhaltung, in die wir uns einüben, ist das Hören. Nur als Hörende können wir die innere Stimme, den Ruf Gottes, wahrnehmen. Im Wort Berufung steckt ja schon das Wort »Ruf«. Aus dem Hören erwächst ein Handeln im Einklang mit dem Willen Gottes und mit mir selbst. Manchmal sind unsere Ohren verstopft durch den Lärm unserer Zeit oder durch ungelöste innere Konflikte. Hier braucht es äußere Stille und einen Raum, wo sich alles zeigen darf, was in mir ist und ans Licht kommen will. Der kontemplative Weg legt unsere Gehörgänge frei. Wir erfahren, wer wir sind und wozu wir da sind. Es ist ein Weg mitten ins Leben. Wegweiser in Richtung Berufung und Sendung sind: Lebendigkeit, Gelassenheit, Dankbarkeit, Freude, Tatkraft, Liebe und Beziehungsfähigkeit.

Gespräch

Joachim: Annette Clara, was verstehst du unter Berufung und Sendung? Haben diese beiden Worte eine unterschiedliche Bedeutung bzw. wie hängen sie zusammen?

Annette Clara: Berufung und Sendung sind religiöse Begriffe, die aber für alle Menschen relevant sind. Es geht um grundlegende menschliche Fragen: Wer bin ich? Wo ist mein Platz im Leben? Was kann ich? Was ist meine Identität? Wie finde ich meinen eigenen Weg? Berufung ist so etwas wie ein Ausgangspunkt für die Sendung. Zunächst muss ich bei mir selbst ankommen, muss wissen, dass ich bin und wer ich bin. Wenn ich mich und meine Begabungen kenne, meine Sehnsucht spüre, dann habe ich Navigationshilfen für meine Sendung. In der Sendung selbst entfaltet sich meine Berufung in konkrete Aufgaben meines Lebens hinein. Nicht immer ist es uns möglich, unser volles Potential zu entfalten, weil zum Beispiel die familiäre Situation oder die Arbeitsanforderungen uns Grenzen setzen. Dann kommt es darauf an, die Freiräume – und seien sie noch so klein – wahrzunehmen und zu nutzen.

J: Da fällt mir der Vergleich mit der Wüstenpalme ein. Diese wächst zunächst zwei Jahre lang nur in die Tiefe, bis ihre Wurzeln das Grundwasser erreichen. Nach außen hin ist kein Wachstum sichtbar. Dies entspricht aus meiner Sicht dem Berufungsprozess. Es geht zuerst um ein Erkunden und Ankommen in meinem Innern. Auf diesem Weg lerne ich mich selbst kennen. Selbsterfahrung und Selbstwerdung stehen im Vordergrund. Danach wächst die Palme nach außen, dies entspricht dem aktiven Hineingehen in die Sendung. Gibt es in deinem Leben so etwas wie ein Berufungserlebnis?

AC: Ja, das gibt es. Nach Jahren des Abstandes zur Kirche begann mein Rückweg durch ein Wort. Ich wollte in der Fastenzeit in Kooperation mit der katholischen Kirche vor Ort das Projekt »Autofasten« starten. Beim Gespräch mit dem zuständigen Priester tauschten wir uns auch kurz etwas persönlicher aus. Ich sagte: »Wissen Sie, ich gehe meinen eigenen Weg im Glauben, meditiere in der Stille – mehr brauche ich nicht.« Der Priester antwortete: »Das ist sehr gut, wir sollen ja beim Beten in die Kammer gehen. Das ist der

Geist. Die Gemeinschaft der Gläubigen hingegen ist der Leib.« Das Wort »Leib« erzeugte eine zarte und eindrückliche Resonanz in mir und veränderte mein Leben. Es war so etwas wie ein Berufungswort, das seine Wirkung Schritt für Schritt entfaltete. Und zwar in doppelter Weise: Ich lernte, mich selbst feiner wahrzunehmen, und fühlte mich zugleich angezogen von der Gemeinschaft. Ich bin wie von selbst in die Gemeinde hineingewachsen: sonntäglicher Gottesdienst, Engagement im Pfarrgemeinderat, Lektorin und Kommunionhelferin, Leitung von Gebetskreisen … Und wie sieht es bei dir aus? Kennst du auch so ein Berufungserlebnis?

J: Als ich 17 Jahre alt war, las ich ein Buch des Jesuiten Lassalle über Meditation. Ich probierte sofort aus, was ich las, und setzte mich zur Meditation hin. In einer dieser Meditationszeiten konnte ich mich intensiv spüren. Es war die Erfahrung: »Ich bin da.« Von da an nahm mein Leben fast unmerklich und leise einen anderen Verlauf. Es hat dann noch Jahre gedauert, das, was da aufleuchtete, zu vertiefen. Es war der Weg in die eigene Präsenz. Mit der Zeit kam der Sendungsaspekt hinzu. Ich spürte den Wunsch, auch anderen Menschen zu helfen, zu sich zu kommen und die Gegenwart Gottes zu erfahren.

AC: Reifungsschritte und die Klärung der Berufung und Sendung brauchen also Zeit und einen Rahmen. Deshalb sind besonders Exerzitien geeignet, die eigene Berufung und Sendung zu entdecken. Hierbei gibt auch das kontemplative Gebet kostbare Hilfestellung. Wir üben, so lange und immer wieder neu im Wahrnehmen zu bleiben, bis sich klärt, was jetzt zu tun oder zu lassen ist. Oft stehen wir unter Zeitdruck; kaum nehmen wir etwas wahr, analysieren wir und gehen ins

Handeln – und treffen manchmal vorschnell Entscheidungen. Oft braucht es jedoch Zeit und Geduld.
J: So habe ich das als Jugendlicher gemacht, als ich viele Jahre lang nicht wusste, welchen Beruf ich ergreifen sollte. Ich habe mir Zeit genommen. Ich wusste nur, was ich nicht werden wollte. Es war für mich nicht leicht, die Unsicherheit und Offenheit in mir wahrzunehmen. Ich wusste nicht, wie es für mich weitergehen sollte. Ich ging oft spazieren, ließ in mir da sein, was mich bewegte und was ich fühlte. Auch meine Ratlosigkeit durfte da sein. Das hat mit der Zeit etwas verändert, und nach und nach erkannte ich kleine Schritte, die ich gehen konnte und die passend waren, und schließlich fand ich meinen Weg.
AC: Das zeigt doch, dass Berufung und Sendung ein lebendiger Prozess sind. Es scheint mir wichtig, stets wach und hörbereit zu bleiben und auch mit Gottes Überraschungen in meinem Leben zu rechnen. Hier denke ich an den alten Abraham, der im Alter von 75 Jahren noch einmal aufbricht. Statt im Rentenalter sesshaft zu sein, ist er so hörbereit und wach, dass er seinen Einsatz nicht verpasst. Diese Haltung ist uns in das Stammbuch geschrieben.
J: Das hast du selbst doch auch erlebt!
AC: Stimmt: Ich bin mit 56 Jahren nochmals aufgebrochen. Ich hatte eine sehr gute Stelle und gute Freunde. Alles schien zu passen. Dennoch spürte ich in mir eine Unruhe und etwas Unerfülltes. Ich konnte die spirituelle Seite nicht explizit in meiner Arbeit entfalten. Auch von anderen kamen häufiger Impulse, meine Begabungen mehr oder ganz im spirituellen Bereich einzubringen. Und schließlich kam eine Anfrage, ob ich mir vorstellen könnte, eine leitende Stelle im Exerzitienhaus Gries anzunehmen. Das war für

mich eine weitere Bestätigung, dass ich mich beruflich verändern sollte.

J: Ich finde es interessant, dass du deine Unruhe und Unerfülltheit nicht weggedrückt hast, denn dieser Punkt scheint mir allgemein wichtig zu sein: Alles, was sich zeigt, will wahr- und ernst genommen werden. Wahrnehmen heißt ja, das als Wahrheit zu nehmen, was jetzt ist. Ich darf mir die Fragen erlauben: Bin ich zufrieden mit meinem Leben, habe ich das Gefühl, am richtigen Platz zu sein? Wenn ich zu meinem Leben, so wie es jetzt ist, ja sagen kann, dann lebe ich meine Berufung und Sendung. Das gilt für alle Bereiche und Aufgaben des Lebens.

AC: Ja, genau. Ich denke gerade an einen Friseur, der mit ganzer Hingabe und Freude seinen Beruf ausübt. Seine Zufriedenheit strahlt aus und die Menschen kommen gerne zu ihm. Wenn ich hingegen unzufrieden bin, nach dem Sinn in meinem Leben suche, scheint eine Klärung der Frage nach meiner Berufung und Sendung wichtig zu sein. Will vielleicht noch etwas Wichtiges gesehen werden, das bisher nicht gelebt wird oder unentdeckt ist? Vielleicht hat sich in der Zwischenzeit in meinem Leben etwas entwickelt, und es stehen konkrete Schritte der Veränderung an.

J: In solchen Phasen braucht es vor allem Zeit und ein Gegenüber, das zuhört und mit dem ich mich besprechen kann. Das können Mutter oder Vater sein, Freunde, geistliche Begleiter oder Therapeuten. Wenn größere Entscheidungen anstehen, sind Exerzitien als geführte Auszeiten gute Instrumente, die es ermöglichen, mich zu spüren und meiner Sehnsucht und meinen Fragen begleitet nachzugehen. So kann ich mein Leben anschauen und prüfen, was jetzt für mich ansteht.

AC: Auch unvorhergesehene Zeiten der Krankheit oder berufliche Krisen können Chancen sein, weil sie dem betroffenen Menschen einen Raum öffnen, der ihn aus dem Gewohnten heraustreten lässt. So entsteht Raum für Fragen zur Gestaltung des eigenen Lebens. Das habe ich selbst erlebt. Nach dem Studium arbeitete ich in einer Praxis als Ärztin. Ich war unglücklich, weil die Art von Umgang mit den Patienten überhaupt nicht dem entsprach, was ich mir vorgestellt hatte. Es kam eine Sinnkrise, die eine sehr fruchtbare neue berufliche Weichenstellung ermöglichte.
J: »Krise« ist ein gutes Stichwort. Auch die Berufungs- und Sendungsgeschichten der Heiligen Schrift sind meist mit Krisen verbunden. Ich denke an den Propheten Mose (Ex 2–4). Er musste aus Ägypten fliehen und auf dem Sinai ganz neu anfangen. Nachdem er dort viele Jahre Schafe hütete, war der innere Boden dafür bereitet, in der Begegnung am brennenden Dornbusch zu erfahren, wer er ist und wozu er gesendet ist: die Israeliten aus der Fremdbestimmung in Ägypten in ihr eigenes Land zu führen. Bei Mose wird noch ein weiterer Aspekt sichtbar: die Verbindung zwischen meiner Schwäche und meiner Berufung und Sendung. Mose konnte nicht gut reden, war aber gesendet, den Pharao durch Reden zu überzeugen, die Israeliten freizugeben.
AC: Oft haben Menschen den Eindruck, nicht die Richtigen zu sein für eine bestimmte Aufgabe. Das bedarf einer sorgfältigen Prüfung, denn gerade unsere Schwachstellen können uns wesentliche Hinweise geben für die Frage der Berufung und Sendung, weil wir im Meistern von Schwierigkeiten Stärken entwickeln, die uns gerade für bestimmte Aufgaben befähigen. In der Geschichte von der Palme mit dem Stein in der

Krone wird dieser Zusammenhang deutlich. Der Stein ist als Last auferlegt. Gerade das führt dazu, dass die Palme einen besonders starken Stamm bildet, um das Auferlegte zu stemmen.

J: Mir fällt ein Beispiel aus der geistlichen Begleitung ein: ein Autor, den ich im Rahmen von kontemplativen Exerzitien begleitete. Seine Lebenswunde hieß: Kann ich mich verständlich machen? Werde ich verstanden? Der tiefe Wunsch, verstanden zu werden, motivierte ihn früh in seinem Leben, sich sehr um einen sorgfältigen und treffenden sprachlichen Ausdruck zu bemühen. Genau das ist heute seine Begabung: komplexe Sachverhalte allgemein verständlich zu formulieren.

AC: Meine Aufgabe im Leben zu finden ist keine rein persönliche Angelegenheit, wie es das Beispiel vom Autor zeigt. Es hat vielfältige Auswirkung auf das Umfeld, auf andere Menschen. Ich glaube, dass die Frage »Wer bin ich und wozu bin ich da?« mit Gemeinschaft untrennbar verwoben ist. Wir Menschen sind Beziehungswesen. Wenn wir unseren Platz und unsere Aufgaben im Leben finden, dann wirken diese sich auch auf die Gemeinschaft aus. Beides steht in einem lebendigen Wechselverhältnis zueinander: Was innerlich reif ist, will in Gemeinschaft umgesetzt werden und wirkt genau dadurch wieder zurück auf die eigene Person. Dieses Zusammenspiel macht das eigene Leben lebendig und mit Blick auf die Gemeinschaft fruchtbar. Jesus sendet seine Jünger zu zweit. Auch das könnte man als Hinweis auf die Verbindung zwischen Berufung, Sendung und Gemeinschaft sehen.

J: Wir sind jetzt ein gutes Stück miteinander gegangen. Es ist die Zeit gekommen, innezuhalten und den Wirkungen des Gesprächs nachzuspüren. Wie die Emmausjünger wollen wir uns fragen:

Wo gingen mir die Augen auf, wo brannte das Herz?

J: Mir ist durch unser Gespräch aufgegangen, wie eng Berufung und Sendung zusammengehören. Sie sind wie zwei Seiten einer Medaille. Auch hat die Erinnerung an mein eigenes Berufungserlebnis verdeutlicht, wie eng diese Erfahrung mit meiner jetzigen Aufgabe bzw. Sendung in Beziehung steht. Durch das kontemplative Gebet bin ich zu mir selbst gekommen, und jetzt begleite ich als Leiter eines Exerzitienhauses viele Menschen auf dem Weg der Einübung in das kontemplative Gebet.
AC: Mir ist durch unser Gespräch aufgegangen, dass unsere Lebenswunden und Schwächen wegweisend sein können für die Fragen von Berufung und Sendung. Ich nehme daher für mich mit, gerade am Beginn einer Weggemeinschaft im Rahmen von Exerzitien oder einer geistlichen Begleitung nach besonderen biografischen Ereignissen zu fragen unter der Perspektive, wie aus Schwierigkeiten Stärken erwachsen können.

Übung: 15 Minuten Stille

Wo sind mir beim Lesen die Augen aufgegangen, wo brannte mir das Herz?

Gibt es ein Berufungserlebnis in meinem Leben? Ein Berufungswort?

Gibt es eine zentrale Lebenswunde, wie würde ich sie benennen?

Ist durch diese Lebenswunde etwas gewachsen in Richtung Begabung und Sendung?

Jesus der Meister

Einleitung

Auf der Suche nach einem geistlichen Meister brechen viele Menschen in ferne Länder auf. Uns begegnen Buddha-Statuen in Arztpraxen, Gärten, Schaufensterauslagen. Das Interesse an den fernöstlichen Religionen oder mystischen Wegen boomt: Buddhismus, Hinduismus oder Sufismus – an vielen Orten in Deutschland werden entsprechende Kurse angeboten. Wenn man mit Kursteilnehmern über das Christentum spricht, stößt man oft auf Skepsis. So als wäre ein tiefer mystischer Weg im Christentum nicht zu finden. Dabei birgt das Christentum eine reiche Tradition der mystischen Erfahrung und Vertiefung. Ignatius von Loyola hat mit seinem Exerzitienbuch eine klare Anleitung gegeben, wie wir uns bereiten können für eine Begegnung mit dem Meister. Oder denken wir an die Wüstenväter, an große Mystiker wie Johannes vom Kreuz oder Teresa von Avila, die in ihren Schriften einen Erfahrungsweg beschreiben hin zu ihrem Meister Jesus Christus.

Gespräch

Joachim: Nicht wenige Menschen suchen nach einem Meister oder Guru, der ihrem Leben Orientierung geben kann. Warum ist das so?
Annette Clara: Offensichtlich haben sie ihren Meister noch nicht gefunden! Viele Menschen suchen inmitten einer eng getakteten Welt nach Räumen der

Stille und nach einem Sinn für ihr Leben. Eine weitere Triebfeder für die Suche scheint mir auch die Sehnsucht nach Gesundheit und Schmerzfreiheit zu sein. Einige Menschen hoffen auf ein Rezept des Meisters, das ihnen ermöglicht, glücklich und unbeschwert durch das Leben zu gehen.
J: Manche haben die Hoffnung, dass es jemanden gibt, der ihnen die Arbeit an sich selbst abnimmt. Wie ein Arzt die Symptome beseitigen soll, soll der Meister alle Schwierigkeiten in meinem Leben aus dem Weg räumen. Die Arbeit an sich selbst erfordert jedoch Mut und kann nicht delegiert werden. Jesus erspart uns diese Arbeit nicht.
AC: Er nimmt uns in die Schule, damit wir sein Handwerk lernen und »Meisterschüler« werden können. Zur Ausbildung gehören: Selbsterkenntnis, Liebe zur Wahrheit, Geduld und Vertrauen. Gerade die Arbeit an uns selbst befähigt uns, für andere da zu sein. Mit diesen Fähigkeiten ausgerüstet, können wir in unserem eigenen Leben auch schwierige Situationen meistern. Mir fällt auf, dass zu unseren Kursen häufig Menschen aus den helfenden Berufen kommen. Sie spüren, dass sie anderen nur helfen können, wenn sie selbst zur Quelle ihres Lebens kommen, indem sie sich immer wieder an den Meister Jesus wenden. Was macht Jesus für dich zum Meister?
J: Mich überzeugt sein authentisches Leben. Seine Worte und sein Handeln stimmen überein und haben eine befreiende Wirkung auf andere Menschen gehabt. Er liebte die Wahrheit. Mich beeindruckt sein Selbststand. Er ging gerade durchs Leben und ließ sich nicht verbiegen. Offensichtlich hat er aus einer tiefen Gottesbeziehung heraus gelebt. Ich möchte zwei markante Stellen herausgreifen: die Taufe am Jordan (Lk 3,21f.),

in der er sich als der »geliebte Sohn« erfährt, und die Erleuchtung am Tabor (Mt 17,1–9), wo er erneut als »geliebter Sohn« bestätigt wird. Für mich ist Jesus der größte Meister.

AC: In der Taufe am Jordan wurde Jesus gekennzeichnet als ein besonderer Mensch. Das hat ihn aber noch nicht zum Meister gemacht. Wie jeder Meister, so musste auch er seine Meisterprüfung ablegen. Das tat er in der Wüste, in die der Geist ihn unmittelbar nach der Taufe führte (Lk 4,1–13). Dort begegnet er den Schatten der menschlichen Existenz und muss sich diesen stellen. Es werden drei Versuchungen genannt, vor allem die nach selbstsüchtiger Eigenmacht. Jesus begegnet verschiedenen Formen der Verführbarkeit, die an Schwachstellen der menschlichen Existenz andocken. Er durchleidet Hunger, Ohnmacht, Depression und das Gefühl der Nichtigkeit. Jetzt ist seine ganze Person gefordert. Er besteht diese Prüfung – seine Meisterprobe – durch die klare Ausrichtung auf seinen Vater im Gebet und mit den Worten aus der Heiligen Schrift. Nach bestandener Meisterprobe ist er von Gott autorisiert. Sein öffentliches Wirken als Meister und seine Sendung beginnen mit der Berufung der ersten Jünger.

J: Diese lernen Jesus nach und nach tiefer kennen. Sie erfahren Jesus auf dem Tabor (Lk 9,28–36) deutlich als einen erleuchteten Meister. Zwischen den großen Propheten Mose und Elija leuchten Jesus, sein wahres Wesen und seine Gottessohnschaft auf. Die Jünger wollen diese außerordentliche Erfahrung festhalten und Hütten bauen, aber Jesus macht bei diesem Projekt, es sich auf dem Tabor bequem einzurichten, nicht mit, sondern zeigt eine große Nüchternheit: Er fordert von den Jüngern den Abstieg in den Alltag und lässt sie um das Leiden auf seinem Weg wissen. Für Jesus ist der Prüfstein geistlicher Gipfelerfahrung die Bewährung im Alltag mit seinen Freuden und Leiden, wie sich beides zusammen in den Seligpreisungen der Bergpredigt findet (Mt 5,3–12).

AC: Jesus steht mit beiden Beinen auf der Erde. Echte Meister haften nicht an besonderen Erfahrungen, sondern vermitteln eine alltagstaugliche Spiritualität. Sie binden die Menschen nicht an sich, sondern führen sie zum Selbststand. Unechte Meister hingegen beziehen ihren Selbstwert aus der Bewunderung und Anerkennung durch die Menschen, die zu ihnen kommen. Das kann zu Abhängigkeiten führen: »Ohne meinen Meister treffe ich keine Entscheidungen«, sagte mir eine Frau, die ich im Rahmen meiner früheren Beratungstätigkeit traf.

J: Du sprichst hier an, wie ein echter von einem unechten Meister zu unterscheiden ist. Hier gibt uns Jesus einen klaren Hinweis: »An ihren Früchten werdet ihr sie erkennen« (Mt 7,16). Wenn wir unsicher sind, ob wir es mit einem echten Meister zu tun haben, braucht es Zeit und ein genaues Prüfen. Manchmal sind die Früchte nicht sofort zu erkennen.

AC: Mir scheint, dass Ignatius meisterhaft unterscheiden konnte zwischen guten und schlechten Früchten. Er hat die Meisterschule von Jesus durchlaufen und erweist sich mit der Gabe der »Unterscheidung der Geister« – bzw. der inneren »Regungen, der »mociones«, wie Ignatius sagt – als ein echter Meisterschüler. Hat er sich selbst als einen Schüler gesehen?

J: Ja. Über seine persönliche Wüstenzeit in Manresa, in der er durch tiefe geistliche Prozesse ging, schreibt Ignatius in seiner Autobiographie: »In dieser Zeit behandelte Gott ihn auf die gleiche Weise, wie ein

Schullehrer ein Kind behandelt, wenn er es unterweist« (Bericht des Pilgers, Nr. 27). Er habe gelernt, aus Fehlern zu lernen, sagt der Meister Ignatius später einmal.

AC: Klingt gut und hört sich bescheiden an.

J: Ignatius verstand sich zeit seines Lebens als Lernender und Übender. Dies kennzeichnet auch sein ganzes Menschenbild: »Übung macht den Meister«, sagt die Volksweisheit dazu. In den »Geistlichen Übungen« hinterlässt Ignatius der Kirche sein Meisterwerk.

AC: Du sprichst das Exerzitienbuch von Ignatius an. Warum spricht er darin nie von einem »Exerzitienmeister«?

J: Ich vermute, dass für Ignatius mit Blick auf den Exerzitienprozess nur Jesus der eigentliche Meister ist. Gefällt dir der Ausdruck »Exerzitienmeister«?

AC: Da muss ich schmunzeln. Ich erinnere mich an einen Exerzitienkurs, als ich als Mitbegleiterin in einem Zimmer mit der Aufschrift »Exerzitienmeister« untergebracht war. Das hat mich berührt und irgendwie auch gefreut. Andererseits habe ich mich gefragt: Passt das für mich? Gibt es nicht nur den einen Meister, dem ich assistieren kann?

J: In den Anmerkungen des Exerzitienbuches spricht Ignatius ganz schlicht von »dem, der die Exerzitien gibt, und dem, der sie empfängt«. Im Mitteilen der Erfahrungen des Exerzitanten wird auch der Geber der Exerzitien zum Empfänger. Das erfahre auch ich immer wieder, wenn ich Exerzitienkurse gebe. Besonders beeindruckend ist für mich, wenn die Exerzitanten von ihren Erfahrungen mitteilen, die sie im Gebet mit dem Namen Jesus Christus machen.

AC: Im Philipperhymnus heißt es nicht umsonst, Gott hat »ihm den Namen verliehen, der größer ist als alle

Namen« (Phil 2,9). Insgesamt gibt es weit über 100 Namen und Bilder für Jesus im Neuen Testament. Sie alle und die darin ausgedrückten spirituellen Erfahrungen sind in dem einen Namen Jesus – er bedeutet im Hebräischen »Gott rettet«, »Gott ist großzügig« – eingefasst. Der Name des Meisters ist mehr als eine Kennzeichnung. Nach dem Ende seines irdischen Lebens rufen die ersten Christen seinen Namen an und erleben ihn darin als gegenwärtig.

J: Das Gebet mit dem Namen Jesus Christus ist für den »Grieser Weg« der Kontemplation zentral. Indem wir auf Bilder und Vorstellungen von Jesus Christus verzichten, führt er uns in eine unmittelbare Beziehung mit dem gegenwärtigen Christus. Das spüren die Exerzitanten auf vielfältige Weise. Häufig berichten sie von einer Kraft, die sie körperlich aufrichtet. Oder sie erleben: Da ist jemand für mich da.

AC: Die Kraft des Namens habe ich selbst einmal erlebt, als ich Exerzitien in Haus Gries gemacht habe. Wir waren bei den Hinführungsschritten noch nicht beim Namen angekommen. In der Gebetszeit kam überraschend auf einmal der Name Jesus Christus von selbst in mein Beten. Es zog mich innerlich, im Gebet beim Namen zu bleiben. Ich spürte eine Gegenwärtigkeit. Es war an einem 3. Januar. Am Abend erfuhr ich im Rahmen der Eucharistiefeier, dass an diesem Tag das Hochfest vom Heiligsten Namen Jesu, welches das Titularfest der Gesellschaft Jesu ist, gefeiert wurde. Ich freute mich sehr, weil meine persönliche Erfahrung damit wie bestätigt wurde. Ich frage mich manchmal: Wenn im Namen Jesus Christus solch eine Präsenz und Wirkmacht ist, warum suchen wir Christen dann noch andere Menschen, die für uns spirituelle Meister sein könnten?

J: Sich einem Menschen anzuvertrauen, der mir gegenübersitzt, kann heilsam und beglückend sein. Dadurch eröffnet sich ein konkreter Raum, in dem ich mich mitteilen kann. Ein erfahrener geistlicher Begleiter kann mir helfen, die inneren Bewegungen zu unterscheiden und mich vor Täuschungen zu bewahren. Und er kann mir helfen, mich auf Jesus Christus auszurichten, indem er selbst auf ihn bezogen ist und durchlässig ist für sein Wirken.
AC: Wir haben jetzt viel von der Kraft und Wirkmacht des Meisters gesprochen. Aber der Meister Jesus begegnet uns auch ohnmächtig und verwundbar.
J: Ohnmacht und Vollmacht stehen bei Jesus nicht in Widerspruch zueinander. Jesus zeigt sich als Mensch, der auch Ohnmacht durchlitten hat. Dennoch verliert er sich nicht in seinen Gefühlen, sondern bleibt in allem ausgerichtet auf seinen Vater. Auch in Tiefpunkten seines Lebens bleibt er im Vertrauen. So werden gerade auch seine Ohnmacht und Schwäche zu einem Tor, durch das die Macht Gottes sich entfalten kann. Wer seine Ohnmacht angenommen hat, kommt zu einem authentischen Leben und kann auch andere in ihrer Ohnmacht verstehen.
AC: Das ist ein wichtiger Punkt für den eigenen geistlichen Weg und für die Begleitung von Menschen. Wir kommen nur dann zu uns selbst, wenn wir uns unserer Wahrheit stellen und unsere Stärken und Schwächen kennen. Das strahlt aus und wirkt heilsam auf die Menschen, denen wir begegnen.
J: Die Exerzitanten haben oft ein feines Gespür, ob die Exerzitienbegleiter durch diese Schule der Selbsterkenntnis gegangen sind.
AC: Eine Meisterschülerin Jesu – Maria von Magdala – hatte Selbsterkenntnis. Sie war mit Jesus einen Rei-

nigungs- und Erleuchtungsweg gegangen. Von sieben Dämonen, heißt es, wurde sie befreit und gereinigt; sie hat sich selber und Jesus auf seinen Wegen immer tiefer kennen und lieben gelernt; sie durchlebte Sterben und Tod ihres geliebten Herrn mit, saß dem Gab gegenüber und durfte IHN nach der Auferstehung erkennen. Das hat sie befähigt, IHN nach der Auferstehung zu bezeugen als »Rabbuni«, das heißt: »mein Meister« (Joh 20,16; vgl. dort die Anmerkung zu »Rabbuni«).

J: Bemerkenswert finde ich das Wort »mein«. Sie kann den Meister, dem sie vor seinem Tod gefolgt ist und den sie verehrt hat, ganz aufnehmen und zu sich nehmen: »Das ist mein Meister, zu ihm möchte ich gehören.« Damit hat sie eine große Entscheidung für sich und ihre Lebensausrichtung getroffen.

AC: Das erinnert mich an einen Mann, den ich einmal im Rahmen von Exerzitien begleitete. Er kannte die Heilige Schrift. Dennoch blieb ihm Jesus, der Meister, irgendwie fern. Er konnte bis dahin wenig von dieser Beziehung spüren, und er drückte es mit dem Satz aus: »Jesus muss doch endlich mal liefern.« Jesus »lieferte«, und die entscheidende Wende trat ein: Der Exerzitant durfte Jesus Christus im Gebet als gegenwärtig erfahren. Aus »dem« Meister war für ihn »sein« Meister geworden.

J: Wir sind jetzt ein gutes Stück Weg miteinander gegangen. Es ist die Zeit gekommen, innezuhalten und den Wirkungen des Gesprächs nachzuspüren. Wie die Emmausjünger wollen wir uns fragen:

Wo gingen mir die Augen auf, wo brannte das Herz?

AC: Mir gingen die Augen auf bei der Erkenntnis, dass es entscheidend für das geistliche Leben ist, Jesus als meinen Meister zu wählen. Wenn das geschieht, dann ist der Meister Jesus Christus in meinem Herzen spürbar angekommen.
J: Mir brannte das Herz bei der Einsicht, wie treffend die Heilige Schrift Jesus als geistlichen Meister porträtiert.

Übung: 15 Minuten Stille

Wo brannte mir beim Lesen das Herz, wo gingen mir die Augen auf?

An welchen Personen orientiere ich mich in meinem Leben?

Habe ich meinen Meister gefunden?

Anhang 1

Übung mit dem Jesus-Gebet – 30 Minuten

Ort

Ich wähle mir einen Ort, an dem ich möglichst ungestört bin. Ich gestalte mir diesen Ort mit einem Bild, einer Kerze, einer Blume, so dass ich gerne hier verweile. Ich besorge mir eine gute Sitzunterlage (Sitzkissen, Meditationsbänkchen, guter Stuhl, Wolldecke).

Sitzen

Ich nehme eine bequeme Sitzhaltung ein. Ich sitze aufrecht auf einem Stuhl, einem Meditationsbänkchen oder in Sitzhaltungen mit möglichst viel Bodenkontakt der Beine auf einem Meditationskissen. Wichtig ist, dass ich für die Zeit der Übung entspannt und aufrecht sitzen kann, ohne die Position verändern zu müssen. Diese Weise des Sitzens ermöglicht es uns, in einer ruhenden und zugleich wachen Haltung da zu sein. Ich schließe die Augen oder richte sie auf einen Punkt ca. einen Meter vor mir auf dem Boden. Ich lasse die Augen nicht umherwandern.

Jesus-Gebet

Ich achte auf meinen Atem, lege die Handflächen zusammen und verweile bei der aufmerksamen Wahrnehmung des Raumes oder der Berührung zwischen meinen Handflächen. Bei jedem Ausatmen spreche ich ein inneres »Jesus«. Bei jedem Einatmen spreche ich innerlich »Christus«. Ich nehme wahr, ob bzw. wie der Name »Jesus« mit dem Ausatmen in meinen Handflächen ankommt. Ich achte darauf, ob mit dem Namen »Jesus Christus« ein innerer Klang verbunden ist, eine Atmosphäre, in die ich eintauchen darf. Wie erlebe ich die Beziehung zu Jesus Christus? Ich bleibe beim Aus- und Einatmen bei »Jesus – Christus«. Der Name darf im natürlichen Rhythmus mit dem Atem kommen und gehen. Ich bin hellwach dabei, bin mit ganzem Interesse da und bleibe dabei. Ich kehre mit der Aufmerksamkeit zurück, wann immer ich mich zerstreut habe.

Anhang 2

Kontemplativ leben im Alltag

Gebet und der Alltag sind keine voneinander getrennten Welten. Was Sie im Gebet üben, wird Ihren Alltag verändern, und im Alltag können Sie einüben, was auch im Gebet wichtig ist.
Sie können auch im Alltag das Jesusgebet praktizieren: in Wartezeiten, im Zug, in der Natur, während der Arbeit. Seien Sie in der Gegenwart präsent. Leben Sie im Hier und Jetzt. Wenn Sie etwas tun, dann beschäftigen Sie sich nicht gleichzeitig mit dem Vergangenen oder dem, was noch kommt. Bleiben Sie mit Ihrer ganzen Aufmerksamkeit bei dem, was Sie gerade tun, bei der Person, die Ihnen gerade begegnet.
Nehmen Sie wahr, was aus dem Leben auf Sie zukommt. Lassen Sie das ganze Leben, auch unangenehme Situationen, an sich heran. Das heißt nicht, dass Sie nicht Schwierigkeiten ausräumen, wo dies möglich ist. Wo Sie jedoch keine Handlungsmöglichkeit mehr haben, üben Sie sich im Annehmen. Machen Sie sich in Ihrem Tun frei von Ergebnissen. Stehen Sie zu sich und seien Sie immer wieder bereit zu verzeihen.

Ruhe und Aktivität

Ruhe und Aktivität sollen in einem gesunden Verhältnis zueinander stehen. Bei der Gestaltung des Alltags können folgende fünf Prioritäten von Franz Jalics helfen:

Der Schlaf

Nur ein ausgeschlafener Mensch kann in der Meditation hellwach sein und seine Aufgaben im Alltag erfüllen. Wenn Sie also schauen, wie die Meditation in Ihren Tagesablauf passt, streichen Sie nicht den nötigen Schlaf dafür, sondern überlegen Sie, welche unnützen Tätigkeiten oder unguten Gewohnheiten wegfallen können. Pflegen Sie eine gute Abendkultur.

Der Körper

Geben Sie Ihrem Körper Bewegung und achten Sie auf eine gesunde Ernährung und Achtsamkeit beim Essen. Teresa von Avila sagt: »Sei gut zu Deinem Leib, damit die Seele Lust hat, darin zu wohnen.«

Das Gebet

Ein ausgeschlafener und gesunder Körper kann besser beten. Deshalb steht das Gebet erst an dritter Stelle. Morgens ist für viele die beste Zeit für das Gebet. Die Pflichten nehmen einen noch nicht in Beschlag, und der Tag bekommt gleich eine geistliche Ausrichtung.

Die Mitmenschen

Die Zeiten für Familie, Freunde etc. müssen nicht lang sein. Schenken Sie den Mitmenschen jedoch dabei Ihre volle Aufmerksamkeit. Schenken Sie zweckfreie Zeit. Seien Sie absichtslos da und präsent.

Die Arbeit

Auf Grund der Arbeit sollten die anderen Prioritäten nicht vernachlässigt werden. Das heißt zum Beispiel, dass Sie nicht Ihre Gebetszeit kürzen wegen der Arbeit. Seien Sie bei der Arbeit immer ganz bei der Sache.

Hilfen zum Dabeibleiben: Kontemplationsgruppen

Es kann hilfreich sein, regelmäßig in einer Gruppe zu beten (s. Kontakt). Sie können zu Gleichgesinnten Kontakt halten und sich austauschen.

Kontemplative Exerzitien

Um das kontemplative Gebet zu vertiefen, können jährliche Exerzitien hilfreich sein. Hier werden mehrere Tage im Schweigen intensiv dem Gebet gewidmet. Sie sind eine besondere Schule der Wahrnehmung und intensive Zeiten der Ausrichtung ungestört vom Alltag (s. Kontakt).

Geistliche Begleitung

Sie können sich eine vertrauenswürdige und im Gebet erfahrene Person wählen, mit der Sie sich im Abstand von ca. vier Wochen für ein Gespräch über Ihren Gebetsweg und Ihre Gebetserfahrungen treffen. Wenn Sie ein geistliches Tagebuch führen, können die Einträge dort eine gute Basis für die Reflexion Ihres Gebetsweges und für das monatliche Begleitgespräch sein.

Persönliche geistliche Regel

Es kann hilfreich sein, dass Sie für sich einige wichtige Eckpunkte Ihres geistlichen Lebens notieren. Das schafft Verbindlichkeit. Ihre Praxis kann sich immer wieder an dieser »Regel« ausrichten. Die Regel muss realistisch, umsetzbar und konkret sein. Wichtige Punkte mit Blick auf Ihren Lebensstil, Ihr geistliches Leben, Ihre Beziehungsgestaltung, Ihre Tagesstruktur, Ihre Arbeit können darin genauer formuliert werden. Die Regel kann mit sich ändernden Lebensumständen und Lebensentwicklungen immer wieder modifiziert und neu formuliert werden.

Hinweise zum Gebet

Die wöchentliche Teilnahme an einem Gottesdienst, einer Eucharistie- oder Abendmahlsfeier kann das persönliche Beten vertiefen – und umgekehrt.
Es kann sein, dass es Ihnen manchmal schwerfällt, zur Ruhe zu kommen, weil Sie gerade gestresst sind. Dann kann es hilfreich sein, vor der Meditation etwas spazierenzugehen, einige Körperübungen oder die Atemübung zu machen oder sich etwas Ruhe zu gönnen. Suchen Sie in Ihrem Tagesablauf eine feste und geschützte Zeit zur Meditation. Als Modell für die Gebetszeit im Alltag kann Ihnen die Übung zum Jesus-Gebet dienen (s. Anhang 1).

Kontakt

Informationen und Angebote zum »Grieser Weg« unter:
www.haus-gries.de
www.kontemplation-in-aktion.de

In der Reihe **Ignatianische Impulse** sind u.a. lieferbar:

Band 1: Willi Lambert, **Das siebenfache Ja.** Exerzitien – ein Weg zum Leben
Band 2: Stefan Kiechle, **Sich entscheiden**
Band 11: Willi Lambert, **Wovon die Liebe lebt**
Band 14: Franz Jalics, **Der kontemplative Weg**
Band 15: Ignatius von Loyola, **In allem – Gott**
Band 16: Gundikar Hock (Hg.), **Ergriffen vom Feuer**
Band 17: Michael Hainz, **Freundschaft mit Armen**
Band 18: Christian Herwartz, **Auf nackten Sohlen**
Band 20: Christoph Benke, **Sehnsucht nach Spiritualität**
Band 21: Alfred Delp, **Im Angesicht des Todes**
Band 22: Peter Balleis, **Leidenschaft für die Welt**
Band 23: Josef Maureder, **Mensch werden – erfüllt leben**
Band 30: Elmar Mitterstieler, **Den verschwundenen Flüssen nachgehen.** Gedanken zur geistlichen Begleitung
Band 33: Vitus Seibel (Hg.), **Was bedeutet Dir Jesus Christus?**
Band 50: Willi Lambert (Hg.), **Von Ignatius inspiriert.** Erfahrungen und Zeugnisse
Band 51: Christian Herwartz, **Brennende Gegenwart.** Exerzitien auf der Straße
Band 52: Alex Lefrank, **In der Welt – nicht von der Welt**
Band 58: Hans Schaller, **Wachsen im Gebet.** Eine ignatianische Vertiefung
Band 62: Thomas Philipp, **Gott in mir**
Band 64: Willi Lambert, **Gotteskontakt**
Band 68 Vitus Seibel (Hg.), **Wie betest du?,** 80 Jesuiten geben eine persönliche Antwort

Weitere Informationen zu den Bänden der Reihe finden Sie unter www.echter.de

Bibliografische Information der Deutschen Nationalbibliothek

Die Deutsche Nationalbibliothek verzeichnet diese Publikation in der Deutschen Nationalbibliografie; detaillierte bibliografische Daten sind im Internet über <http://dnb.d-nb.de> abrufbar.

2. Auflage 2020

www.echter.de
Druck und Bindung: Friedrich Pustet, Regensburg
ISBN
978-3-429-04443-5 (Print)
978-3-429-04965-2 (PDF)
978-3-429-06385-6 (ePub)